Diabète de type 2

Catalogage avant publication de la Bibliothèque nationale du Canada

Young, Carolyn

Diabète de type 2 : causes, symptômes, complications, solutions et traitements

(Collection Santé)

ISBN 2-7640-0692-6

1. Diabète non insulinodépendant. 2. Diabète non insulinodépendant – Traitement. 3. Diabète non insulinodépendant – Complications et séquelles. 4. Diabétiques – Santé et hygiène. I. Titre : Diabète de type 2. II. Collection : Collection Santé (Éditions Quebecor).

RC662.18.Y58 2003 616.4'62 C2002-942034-2

LES ÉDITIONS QUEBECOR
7, chemin Bates
Outremont (Québec)
H2V 4V7
Tél. : (514) 270-1746

Bibliothèque nationale du Québec
Bibliothèque nationale du Canada
ISBN 2-7640-0692-6

Éditeur : Jacques Simard
Conception de la couverture : Bernard Langlois
Illustration de la couverture : EyeWire
Révision : Francine St-Jean
Correction d'épreuves : Jocelyne Cormier
Infographie : Claude Bergeron

Nous reconnaissons l'aide financière du gouvernement du Canada par l'entremise du Programme d'Aide au Développement de l'Industrie de l'Édition pour nos activités d'édition.

Gouvernement du Québec – Programme de crédit d'impôt pour l'édition de livres – Gestion SODEC.

Imprimé au Canada

CAROLYN YOUNG

Diabète de type 2

LES ÉDITIONS
Quebecor
QUEBECOR MEDIA

Avertissement

Ce livre de référence ne peut être considéré comme un ouvrage médical. Les informations données sont conçues pour vous aider à prendre des décisions judicieuses concernant votre santé et ne sauraient remplacer les conseils ou les traitements qui pourraient vous avoir été prescrits par votre médecin.

À mon frère, Murray.
Et à la mémoire de mon père, Robert.

INTRODUCTION

On estime qu'il y a actuellement plus de 120 millions de personnes dans le monde atteintes de diabète de type 2 et qu'en 2025, ce nombre passera à 270 millions. Cette prévision foudroyante peut s'expliquer en grande partie par la transformation du mode de vie et par le vieillissement de la population.

Le diabète de type 2 est une maladie hormonale génétiquement déterminée et se traduit par un taux de sucre trop élevé dans le sang. Il constitue un risque important pour les personnes de 40 ans et plus.

Le présent ouvrage est destiné à ceux et à celles qui veulent mieux comprendre le diabète de type 2. Bien qu'il existe une foule de sujets en rapport avec cette maladie complexe et incurable, je me suis penchée sur les thèmes les plus importants pour les personnes atteintes de cette forme de diabète.

Ce livre comporte huit chapitres pour une consultation rapide. Le premier chapitre décrit le mécanisme physiologique et pathologique du diabète ainsi que les deux formes sous lesquelles il peut se présenter. Le deuxième chapitre expose les complications possibles du diabète de type 2 qui peuvent se déclarer après de nombreuses années d'évolution ; celles-ci incluent les maladies du cœur, l'insuffisance rénale, les problèmes des pieds et la cécité.

Par la suite, je mets en évidence le rôle de premier plan de l'alimentation dans la lutte contre le diabète de type 2. Ainsi, le troisième chapitre présente les risques auxquels s'expose le diabétique souffrant d'obésité et les moyens à utiliser pour perdre du poids. Quant au quatrième chapitre, il met l'accent sur l'alimentation du diabétique de type 2, car ce dernier doit avant toute chose modifier ses habitudes alimentaires, même si son médecin lui prescrit des médicaments.

C'est pour répondre aux questions que se pose le diabétique sur le rôle particulièrement important de l'exercice physique dans son traitement que j'ai réalisé le cinquième chapitre. Il a été prouvé que l'exercice physique régulier chez le diabétique de type 2 améliore le contrôle de la glycémie.

Le sixième chapitre traite de la sexualité des diabétiques et le septième est essentiellement consacré aux médicaments et aux thérapies naturelles pour soigner cette maladie. Le huitième chapitre porte sur les méfaits du tabagisme et les méthodes pouvant aider la personne désirant arrêter de fumer. Ce dernier chapitre fait aussi le point sur la consommation de l'alcool et le diabète. En annexe figure un petit lexique du diabète pour mieux comprendre les termes reliés à cette maladie.

Cet ouvrage se veut un guide de référence pratique, facile à consulter et assez complet. J'aimerais souligner au lecteur que, bien que cette maladie dite « de l'âge mûr » soit insidieuse, elle est facile à détecter. Il suffit de demander à votre médecin de mesurer le glucose dans votre sang. En terminant, je vous rappelle que la connaissance et la prévention sont aujourd'hui nos meilleures armes pour lutter contre le diabète de type 2.

Chapitre 1

LES DIFFÉRENTS TYPES DE DIABÈTE

LE DIABÈTE : UNE MALADIE COMPLEXE ET INCURABLE

Le diabète se caractérise par un manque partiel ou total d'insuline dans le corps. Il peut être contrôlé chez la vaste majorité des gens, mais ne peut être guéri. Lorsque l'on est atteint de diabète, on peut mener une vie relativement normale, pour autant que l'on soigne sa maladie. En outre, il faut savoir qu'il existe plusieurs types de diabète, dont les deux formes les plus connues sont le diabète de type 1 et le diabète de type 2.

Le saviez-vous ?

L'insuline est une hormone fabriquée par le pancréas qui régule la glycémie (le taux de sucre dans le sang).

Le diabète de type 1

Aussi appelé diabète insulinodépendant, le diabète de type 1 se traduit par une hyperglycémie importante et persistante. Il peut se déclarer dans l'enfance ou l'adolescence. Ce type de diabète survient lorsque le pancréas ne fabrique plus d'insuline – une hormone indispensable à la bonne transformation des aliments dans l'organisme. Celle-ci permet aux cellules d'absorber le glucose (le sucre utilisé par l'organisme comme carburant) dans la circulation sanguine. Lorsque ces cellules sont endommagées soit par un virus, soit par une réaction immune, le pancréas n'arrive plus à produire d'insuline. Dans les cas extrêmes, la personne peut courir le risque de tomber dans un coma diabétique ou, si elle est diagnostiquée par son médecin, doit avoir recours à des injections d'insuline.

Par conséquent, si un jeune diabétique n'est pas bien suivi, il risque de se trouver en état d'hypoglycémie (manque de sucre) ou d'hyperglycémie (excès de sucre) et avoir des malaises. Cette maladie ne constitue pas un handicap pour un enfant, pour autant que celui-ci apprenne à soigner son diabète et à prendre en charge son traitement.

L'enfant diabétique a-t-il besoin d'un régime particulier ?

Non. Il peut manger de tout, à condition de toujours accorder ses prises d'insuline en fonction de ses repas et de ses activités.

Pour développer le diabète de type 1, il faut avoir des prédispositions génétiques. On estime que ce type de diabète représente de 5 % à 10 % de tous les cas de diabète.

Le diabète de type 2

Le diabète de type 2 ou non insulinodépendant fait habituellement son apparition chez les personnes âgées de plus de 45 ans. Celles qui en sont atteintes peuvent habituellement produire de l'insuline, mais leur organisme n'arrive plus à bien utiliser le glucose. Cet état de résistance à l'insuline amène le pancréas à sécréter plus d'insuline qui ne suffit pas à normaliser la glycémie. Cette maladie commence souvent de façon insidieuse, ce qui fait que la moitié des diabétiques ignorent leur état pendant des années. En outre, il faut savoir qu'un diabète non maîtrisé augmente le risque de complications graves telles que l'hypertension, les maladies du cœur, l'insuffisance rénale, la gangrène et la cécité.

La découverte de l'insuline

Les médecins peuvent diagnostiquer le diabète depuis plusieurs siècles, mais l'insuline n'a été découverte qu'en 1921 par le médecin britannique John MacLeod ainsi que Sir Frederick Grant Banting, un médecin canadien. Ces deux grands médecins ont reçu le prix Nobel en 1923.

Les causes probables du diabète de type 2

Voici les causes probables du diabète de type 2 :

- Les antécédents familiaux influencent considérablement le risque de développer le diabète ;
- Une grande majorité des diabétiques de type 2 ont une surcharge pondérale. Dans bien des cas, une perte de poids permet d'améliorer considérablement l'équilibre du taux de glycémie ;

- Les maladies du pancréas et du foie peuvent entraîner le développement du diabète ;
- L'usage de certains médicaments vendus sur ordonnance peuvent constituer un risque important de diabète ;
- Certains chercheurs croient que quelques facteurs viraux pourraient favoriser le développement du diabète de type 2.

DES CHIFFRES ALARMANTS

Plus de 120 millions de personnes dans le monde sont atteintes de diabète de type 2. Cette maladie métabolique chronique constitue un problème majeur de santé publique dans les pays industrialisés. Deux grands facteurs semblent contribuer à cette pandémie : la transformation du mode de vie et le vieillissement de la population. En 1985, on estimait la population de personnes atteintes du diabète de type 2 à 30 millions. Les experts calculent maintenant que le nombre de personnes atteintes de diabète double tous les 15 ans. Ils déduisent qu'il y aura plus de 270 millions de personnes dans le monde qui souffriront de cette maladie d'ici 2025.

Selon l'Association du diabète américaine, un Nord-Américain sur cinq développera le diabète au cours de sa vie. Ce qui est aussi très inquiétant, c'est que cette affection frappe des gens de plus en plus jeunes ; des enfants et des adolescents en sont diagnostiqués.

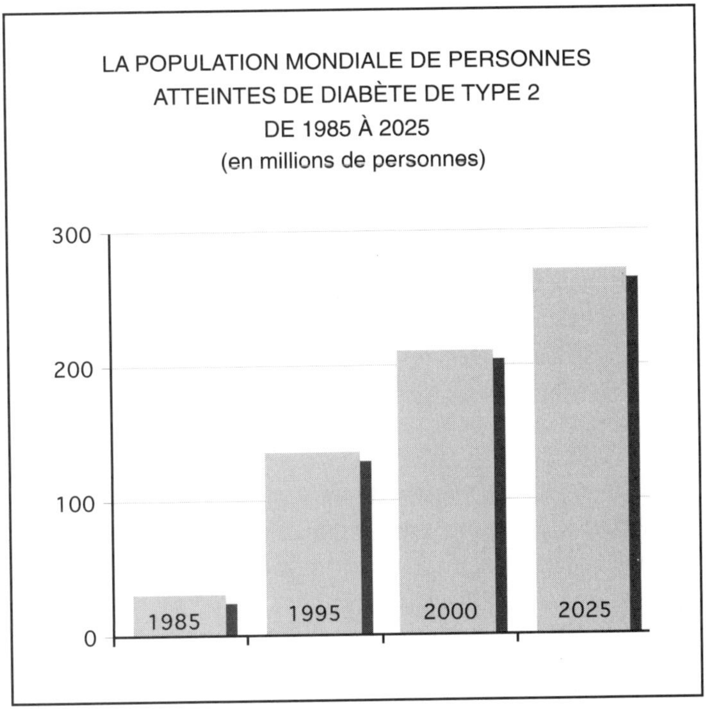

Un groupe de gènes associés au diabète

Les chercheurs savent que le diabète de type 2 est une maladie génétiquement déterminée, mais qu'elle ne se développera qu'en présence d'autres facteurs tels que de mauvaises habitudes alimentaires et le manque d'exercice physique. Après avoir identifié un premier gène associé au diabète de type 2, les chercheurs ont trouvé plusieurs autres gènes impliqués dans cette maladie. Ces récentes découvertes devraient leur permettre de dépister les personnes à risque et d'élaborer de nouveaux médicaments.

Les personnes à risque

Vous êtes à risque de développer le diabète de type 2 si :

- vous avez plus de 45 ans ;
- des membres de votre famille sont diabétiques ;
- vous avez un problème d'obésité ;
- vous souffrez d'hypertension ;
- votre taux de cholestérol est trop élevé ;
- votre taux de triglycérides est trop élevé ;
- vous êtes sédentaire ;
- vous appartenez à un groupe ethnique à risque plus élevé (amérindien, hispanique, noir...).

Si vous êtes une personne à risque, il serait important de passer un test de dépistage pour le diabète de type 2. S'il s'avère négatif, assurez-vous de passer un autre test de dépistage au moins tous les trois ans.

Les signes et les symptômes

Le diabète de type 2 est une maladie sournoise : la vaste majorité des personnes qui en souffrent sont diagnostiquées six ans après le début de leur maladie. Même sans symptômes, cette maladie peut malheureusement causer des dommages irréparables aux gros vaisseaux sanguins et être à l'origine de plusieurs maladies dégénératives. Pour vous aider à découvrir les signes de cette maladie, faites le test sur les symptômes possibles du diabète type 2.

Cochez la case si vous éprouvez le ou les symptômes suivants.

☐ Une fatigue intense : cette maladie peut causer de la fatigue et rendre léthargique ;

☐ Un amaigrissement contrastant avec un appétit conservé ou une simple augmentation de l'appétit : lorsque le sucre s'accumule dans la circulation sanguine plutôt que d'atteindre les cellules, il est possible d'avoir un de ces symptômes ;

- ☐ Une polyurie : l'organisme tente d'éliminer le sucre par l'organisme, ce qui provoque une élévation du volume des urines ;
- ☐ Une soif exagérée : celle-ci compense la déshydratation provoquée par la polyurie.

Résultats

Si vous avez coché un symptôme ou plus ou que vous avez plus de 40 ans, il est fortement recommandé de passer un test de dépistage pour connaître votre taux de sucre.

Prévenir les complications

Au moins 40 % des personnes atteintes du diabète de type 2 vont développer une autre maladie grave pouvant être imputée à une mauvaise maîtrise de leur glycémie.

Toutefois, il est possible de limiter le risque de maladies en suivant des règles d'hygiène de vie. Celles-ci comprennent :

- le maintien d'une glycémie dans les limites normales ;
- une alimentation équilibrée ;
- de l'exercice physique régulier ;
- l'atteinte et le maintien du poids idéal ;
- l'abandon du tabac.

Les limites normales de la glycémie

Si vous êtes diabétique de type 2, il est primordial de vérifier votre glycémie fréquemment à l'aide d'un glucomètre. Ce petit appareil de mesure est simple à utiliser et nécessite très peu d'entretien, si ce n'est que la précision de mesure de cet appareil doit être vérifiée régulièrement. Par ailleurs, la majorité des spécialistes recommandent aux diabétiques de vérifier leur glycémie trois à quatre fois par jour pour s'assurer que celle-ci se trouve dans les limites souhaitables.

Le tableau qui suit vous fournit les caractéristiques d'une glycémie normale.

Avant les repas	4 à 7 mmol/L
D'une à deux heures après les repas	5 à 9 mmol/L

Idéalement, vous noterez vos analyses sur un carnet (voir l'appendice I à la page 111). Vous devrez également faire évaluer régulièrement votre état de santé par votre médecin. Lors de ces visites, il pourra prendre votre glycémie. Si vous éprouvez de la difficulté à vérifier votre glycémie, parlez-lui-en. Il pourra vous aider à trouver des solutions. Rappelez-vous que cet apprentissage se fait simplement ; il s'agit de faire le point avec un professionnel de la santé pour revoir l'emploi de votre appareil de mesure glycémique.

Sachez que vous pouvez limiter les risques de maladies en apprenant à maîtriser votre glycémie. Il vaut mieux s'habituer au rituel médical du glucomètre et avoir un contrôle glycémique satisfaisant pour prévenir le risque de complications à long terme.

UN SUIVI MÉDICAL ANNUEL

Si vous êtes diagnostiqué diabétique de type 2 et que vous ne souffrez pas de complications liées à votre maladie, vous devrez passer un examen médical une fois par an. Votre suivi médical devrait comporter :

- un test de glycémie ;
- un bilan ophtalmologique ;
- un dépistage des complications rénales ;
- un bilan lipidique ;
- un électrocardiogramme ;
- un examen des pieds.

Chapitre 2

LES COMPLICATIONS POSSIBLES

Quand le diabète est diagnostiqué tôt, il se contrôle assez bien avec de bonnes habitudes alimentaires et de l'exercice physique. En revanche, s'il est mal soigné, les complications commencent à se déclarer après de nombreuses années d'évolution.

De lourdes conséquences

Ignoré ou mal soigné, le diabète peut s'aggraver et faire ses ravages. Avec un traitement adapté, il est possible de limiter ses dégâts et d'être à l'abri des complications possibles de cette maladie. L'équilibration du diabète procure en effet plusieurs bienfaits, dont la prévention des incidents graves reliés à une augmentation incontrôlable de la glycémie. Mais savoir qu'une bonne maîtrise du diabète peut prévenir des complications chroniques parfois très éprouvantes, comme une crise cardiaque, une insuffisance rénale, une gangrène ou une cécité, devrait motiver toutes les personnes souffrant de cette maladie à suivre leur traitement pour éviter son évolution. Ce n'est malheureusement pas le cas. Voici quelques données épidémiologiques :

- 7 % des diabétiques de type 2 perdent la vue après 20 ans de maladie ;
- 30 % d'entre eux présentent une protéinurie après 15 ans de maladie ;
- 30 % d'entre eux souffrent de maladies coronariennes ;
- 90 % d'entre eux vont développer un problème d'hypertension.

Dans les pages qui suivent, nous verrons en détail les complications chroniques possibles de ce trouble du mécanisme des sucres.

Les maladies cardiovasculaires

Les maladies cardiovasculaires sont la cause principale de mortalité dans les pays industrialisés ; elles comprennent la maladie coronarienne, les accidents vasculaires cérébraux, l'hypertension artérielle et l'athérosclérose. Même avec un traitement, ces maladies peuvent avoir de graves conséquences. En outre, on estime que plus de 12 millions de personnes meurent chaque année de maladies cardiovasculaires dans le monde.

Les maladies cardiovasculaires et le diabète

Les maladies cardiovasculaires sont les complications les plus courantes chez les diabétiques et sont en effet deux à trois fois plus fréquentes et plus graves chez les personnes atteintes de diabète de type 2. Malheureusement, les personnes qui développent cette forme de diabète héritent aussi de gènes qui prédisposent à l'hypertension et à l'obésité.

Le diabète de type 2 se produit lorsque le sucre ne parvient plus à pénétrer dans les cellules. Débutant insidieusement, il associe deux anomalies : une inefficacité de l'insuline au niveau des organes et une sécrétion insuffisante. Le pancréas, qui s'épuise en sécrétant toujours plus d'insuline, n'arrive plus à normaliser la glycémie ; il en résulte une montée du taux d'insuline dans le sang. Cette circulation excessive d'insuline peut endommager les artères. Non traité, le diabète peut même être responsable de l'atteinte de gros vaisseaux sanguins tels que les artères du cœur et du cerveau. On estime que 56 % des décès reliés au diabète sont dus aux infarctus. Il est bon de rappeler que la perte de poids et l'exercice ont un effet hypoglycémiant et diminuent considérablement le risque de maladies cardiovasculaires.

Les triglycérides : un facteur de risque coronarien

Selon le *National Cholesterol Education Program*, un taux élevé de triglycérides constitue un facteur de risque indépendant pour les maladies coronariennes. On attribue principalement l'augmentation des triglycérides sanguins à l'embonpoint, l'inactivité physique, la cigarette et un régime trop riche en glucides.

Le niveau souhaitable de triglycérides est moins de 150 mg/dl. Il est considéré comme élevé s'il se situe entre 200 et 249 mg/dl et est très élevé s'il se situe au-dessus de 500 mg/dl. Souvenez-vous que les triglycérides proviennent des gras que nous consommons, mais que notre organisme peut aussi en fabriquer à partir de n'importe quel surplus de calories. Aussi, lorsque vous mangez trop, ces calories en trop peuvent être converties en triglycérides.

L'accident vasculaire cérébral (AVC)

L'accident vasculaire cérébral se produit lorsqu'il y a interruption de l'apport de sang au cerveau et est habituellement causé par une occlusion artérielle due à une thrombose ou à une embolie provenant d'une plaque athéroscléreuse. Un autre type d'AVC est l'hémorragie cérébrale pouvant être provoquée par l'hypertension.

Prévenir les maladies cardiovasculaires

Les principales mesures préventives pour empêcher les maladies cardiovasculaires consistent à adopter une alimentation pauvre en cholestérol et en matières grasses, à faire de l'exercice et à diminuer le stress.

Comment se porte votre cholestérol ?

Le cholestérol et les gras dans le sang se nomment les lipides. Les adultes devraient demander un bilan lipidique à leur médecin tous les cinq ans. Si vous êtes diabétique et que vous faites un excès de cholestérol, vous devriez passer ce test annuellement, jusqu'à ce que votre taux de cholestérol soit à un niveau acceptable.

Astuce santé

Une des plus grandes découvertes de ces dernières années en diététique est le pouvoir anticholestérol du poisson et de ses acides gras oméga-3. Il est recommandé d'en manger au moins deux à trois fois par semaine.

Pour connaître les valeurs en lipides et en cholestérol des aliments, consultez les quatre tableaux suivants :

Les produits laitiers

Aliments (100 g)	Lipides (g)	Cholestérol (g)
Beurre salé	0,1	218,9
Crème de table	8,8	158,6
Crème glacée	23,6	44
Fromage camembert	0,5	72
Fromage cheddar	1,3	104,9
Fromage roquefort	2	90
Lait 2 % M.G.	11,7	18,3
Lait 3,25 % M.G.	11,4	33,2
Yaourt nature	11,4	31,1

Les poissons

Aliments (100 g)	Lipides (g)	Cholestérol (g)
Achigan	2,9	53,7
Anchois	4,8	60
Anguille	11,7	126
Bar commun	2,6	52,9
Baudroie	1,5	25
Saumon	3,5	52
Sole	0,9	–
Thon	4,9	38
Truite	4,3	46,5
Turbot	3	48

Les viandes

Aliments (100 g)	Lipides (g)	Cholestérol (g)
Bifteck d'aloyau	6,5	50
Côtelette d'agneau	9,2	66
Côtelette de veau	3,9	83
Côtes levées de porc	23,6	78
Cubes d'agneau pour brochettes	7,3	90
Cubes de veau pour les ragoûts	2,5	84
Filet de bœuf	23,0	71
Filet de porc	5,4	66
Jarret d'agneau	3,3	69
Longe de porc	13,6	60
Palette de bœuf	23,6	73
Palette de veau	5,2	90
Rôti de bœuf	28,2	85
Tranche de surlonge de veau	2,2	79

Les volailles

Aliments (100 g)	Lipides (g)	Cholestérol (g)
Canard	11,2	89
Dinde	3,2	69
Œuf (très gros)	5,8	246,5
Poulet rôti	13,6	88

Le taux de cholestérol s'exprime habituellement par trois chiffres. L'un de ces chiffres correspond à la quantité totale de cholestérol en circulation dans le sang. Un autre exprime la proportion de cholestérol total contenant du « mauvais » cholestérol, appelé le cholestérol LDL. Le troisième correspond au cholestérol HDL, celui que l'on considère comme le « bon » cholestérol.

Le tableau qui suit vous fournit trois classifications de la quantité totale de cholestérol dans le sang (mg/dl).

Niveau acceptable	Moins de 200
Niveau élevé	200-239
Niveau trop élevé	240 et plus

Le cholestérol LDL

Le cholestérol LDL est celui véhiculé dans le sang par les lipoprotéines LDL. Ces lipoprotéines de petite densité sont responsables du dépôt de « mauvais » cholestérol sur les parois des artères favorisant la formation de plaques de graisses. Celles-ci peuvent provoquer le durcissement des artères, que l'on appelle athérosclérose. Les personnes atteintes de diabète de type 2 ont souvent des particules LDL de petite taille, ce qui est encore plus dommageable que les particules LDL normales.

Le tableau qui suit vous fournit deux classifications du cholestérol HDL (mg/dl).

Niveau optimal	60 et plus
Niveau désirable	Plus de 40

Le cholestérol HDL

Le cholestérol HDL est véhiculé dans le sang par les lipoprotéines HDL. Ces lipoprotéines de haute densité récupèrent le trop-plein du « bon » cholestérol dans les organes et le transportent jusqu'au foie où il est éliminé. Ces lipoprotéines sont aussi très actives dans l'élimination des dépôts lipidiques qui se logent dans les artères. Un cholestérol HDL élevé offre une bonne protection contre les maladies du cœur.

Le tableau qui suit vous fournit quatre classifications du cholestérol LDL (mg/dl).

Niveau optimal	Moins de 100
Niveau acceptable	100-129
Niveau élevé	160-189
Niveau trop élevé	190 et plus

La surveillance de la tension artérielle

Si vous êtes diabétique, vous devez maintenir votre tension artérielle inférieure à 130/85 mmHg. Aussi, faites vérifier votre tension artérielle régulièrement parce que, dans votre cas, la probabilité de souffrir d'hypertension est élevée. Insidieuse, cette maladie s'attaque au réseau vasculaire et le fait vieillir prématurément.

L'hypertension, au même titre que l'athérosclérose, peut provoquer un infarctus du myocarde, une angine de poitrine, un AVC, une thrombose. Alors, si vous souffrez d'hypertension et que vous suivez un traitement, prenez vos médicaments même si vous vous sentez bien. Les risques courus sont beaucoup trop grands.

L'insuffisance rénale

Environ 15 % des personnes atteintes de diabète de type 2 développent une maladie rénale appelée néphropathie diabétique.

On estime que 45 % des patients en dialyse sont diabétiques ; le diabète est en effet la première cause de mise en dialyse pour pallier une insuffisance rénale. Si vous souffrez du diabète de type 2, il est crucial de faire mesurer votre taux d'albumine une fois par année. Ce test permet de dépister les lésions rénales responsables de l'insuffisance rénale.

Ce que vous pouvez faire pour protéger vos reins

Si vous souffrez de diabète de type 2, il existe un certain nombre de choses que vous pouvez faire pour protéger vos reins :

- Évitez de consommer trop de protéines ;
- Maîtrisez votre glycémie ;
- Passez annuellement un test de dépistage des complications rénales ;
- Arrêtez de fumer.

La cécité

78 % des diabétiques développent une maladie oculaire appelée rétinopathie diabétique. Cette maladie, qui affecte le capillaire rétinien, est trop souvent diagnostiquée chez le patient avant le diabète. De plus, aux États-Unis, elle est la première cause de cécité chez les adultes de moins de 65 ans. On lui associe 12 % de tous les nouveaux cas de cécité en Amérique du Nord.

Un capillaire rétinien anormal

La rétinopathie diabétique est marquée par une modification des minuscules vaisseaux sanguins qui nourrissent la rétine. Elle peut déclencher différentes pathologies oculaires.

Dans les premières phases de la maladie, la rétine est déformée par l'affaiblissement des petits vaisseaux sanguins. À ce stade, le diabétique peut conserver une vision normale ou floue. Dans les phases suivantes, appelées rétinopathie diabétique proliférante, les vaisseaux sanguins de la rétine commencent à se bloquer. Lorsqu'ils sont complètement obstrués, de nouveaux vaisseaux sanguins anormaux viennent les remplacer. Plutôt fragiles, ces petits vaisseaux éclatent et bloquent la vue. Des tissus cicatriciels se forment. La rétine se rétrécit, déchire et peut même se détacher de la partie postérieure de l'œil. Cette complication provoque divers troubles de la vision, d'une baisse importante de la vision à la cécité.

Il est conseillé aux personnes atteintes du diabète de type 2 de passer un examen ophtalmologique annuel parce que la rétinopathie est asymptomatique, et ce, jusqu'à un stade avancé. Un test d'angiographie permet en effet de détecter les premiers signes de cette maladie alors qu'au stade des complications, il permet d'observer les anomalies plus ou moins graves du fond de l'œil et d'envisager un traitement associé à un équilibre aussi parfait que possible du diabète. Non traitée, la rétinopathie diabétique peut entraîner des hémorragies dans le vitré, des voiles gliaux, des décollements de la rétine et même la cécité.

Le traitement de la rétinopathie diabétique

Le premier véritable traitement de la rétinopathie diabétique fait par photocoagulation remonte dans les années 1960. Le but d'une photocoagulation laser est de brûler et de sceller les petits vaisseaux sanguins endommagés. Les résultats sont généralement excellents. Dans la majorité des cas, ce traitement empêche la vision de continuer à baisser plutôt que de la restaurer. En d'autres mots, sans traitement, votre pronostic visuel ne sera pas très bon ; avec le traitement, votre vision restera intacte. En cas d'hémorragie du vitré, le chirurgien devra réaliser une vitrectomie.

Bien qu'on ait assisté à des progrès importants dans le traitement de la rétinopathie diabétique, il reste que les complications sévères de cette maladie ne peuvent pas toujours être traitées.

La surveillance de la rétinopathie diabétique

Il est crucial de passer un examen de vos yeux dès que vous êtes diagnostiqué diabétique afin de dépister les premiers signes de la rétinopathie diabétique. Même si votre médecin ne décèle aucun signe de cette maladie, vous devrez envisager un examen de la vue tous les six mois. Rappelez-vous que le dépistage est votre meilleure protection contre cette maladie.

Les mesures préventives

Pour diminuer les risques de complications oculaires, il existe un certain nombre de choses que vous pouvez faire. Assurez-vous tout d'abord de maintenir votre taux de glycémie dans la normale. Comme le diabète vous prédispose aussi aux infections bactériennes, lavez vos mains avant de toucher à vos yeux afin d'éviter toutes infections. Enfin, contrôlez votre taux de cholestérol et votre tension artérielle, deux facteurs qui peuvent vous aider à réduire les effets d'enflure sur la partie centrale de la rétine.

Les problèmes des pieds

Les spécialistes sont tous d'accord pour dire que l'examen quotidien des pieds contribue à prévenir les problèmes des pieds reliés aux complications du diabète. Cela s'explique peut-être, du moins en partie, par le fait que vous pouvez dépister rapidement toute forme d'infection ou d'anomalie. Or, une des complications possibles d'une lésion au pied est l'ulcère. Dans 20 % des cas, les ulcères reliés au diabète ne guérissent pas et peuvent mener à l'amputation.

Comment soigner vos lésions

Si vous cherchez à offrir à vos pieds la meilleure protection possible, il est judicieux de suivre les conseils suivants lorsque vous avez une lésion.

1. Bien nettoyer la coupure et l'éraflure avec une eau savonneuse et l'assécher.
2. Étendre une petite quantité d'onguent antibiotique sur la lésion.
3. Utiliser un pansement stérile.
4. Consulter votre médecin le plus rapidement possible.

Les signes des problèmes des pieds

Les principaux symptômes des problèmes des pieds reliés au diabète de type 2 sont les sensations de brûlure, de picotement et de douleur. Ces manifestations rebelles ne vont pas s'améliorer toutes seules ; il semblerait plutôt qu'elles annoncent l'endommagement des nerfs. Une sensation d'engourdissement est aussi un autre signe d'un dommage ou d'une pauvre circulation. Ces symptômes peuvent se produire lorsque vous marchez ou que vous vous retrouvez au lit. Malheureusement, certains diabétiques ignorent la gravité de ces symptômes jusqu'à ce qu'ils perdent toute sensation dans leurs pieds.

Pour ceux qui tiennent à faire le maximum pour éviter le risque de problèmes des pieds, les experts suggèrent de veiller à leur bonne hygiène, d'en prendre soin comme il se doit et de les faire examiner régulièrement par leur médecin.

La neuropathie diabétique

La neuropathie diabétique est un trouble des nerfs. Le risque de neuropathie diabétique dépend en large mesure de la qualité du contrôle métabolique. Lorsque le taux de glycémie est trop élevé pendant trop longtemps, les cellules des nerfs s'atrophient. La neuropathie diabétique met rarement en jeu la vie du diabétique ; en revanche, elle est une source de troubles fonctionnels importants.

La neuropathie diabétique peut affecter toutes les parties du corps, de la tête aux pieds. Cette maladie peut nuire à la motricité digestive ou vésicale. De plus, elle peut dérégler le rythme cardiaque ou altérer la sensibilité des membres inférieurs. Enfin, on lui impute le dysfonctionnement sexuel de 40 % des personnes atteintes de diabète de type 2. Les mêmes recommandations contribuant à diminuer les risques des autres complications du diabète sont également bénéfiques dans le cas de la neuropathie diabétique. Ainsi, les médecins s'efforcent de prévenir l'apparition de cette maladie en recommandant à leurs patients de bien maîtriser leur taux de glycémie.

L'hypoglycémie

Un taux de sucre dans le sang inférieur à la normale résulte habituellement de certains médicaments utilisés pour soigner le diabète. L'hypoglycémie peut se déclarer pour maintes raisons ; les principales causes sont :

- trop d'insuline ;
- une dose trop forte d'antidiabétiques ;
- un repas sauté ou mal réparti dans la journée ;
- une consommation insuffisante d'hydrates de carbone ;
- une consommation de boissons alcoolisées ;
- une collation oubliée ou mal répartie dans la journée.

Les signes et les symptômes de l'hypoglycémie

Les symptômes de l'hypoglycémie sont généralement attribués à la décharge d'hormones qui tentent de faire monter le taux de sucre dans le sang.

Les principaux signes et symptômes de l'hypoglycémie sont :

Pour une hypoglycémie légère

- la faim ;
- les tremblements ;
- un pouls rapide ;
- les sueurs ;
- la nausée ;
- la faiblesse.

Pour une hypoglycémie modérée à sévère

- le mal de tête ;
- la difficulté à se concentrer ;
- le manque de coordination ;

- une vision embrouillée ;
- les étourdissements ;
- le coma.

Quelques recommandations pour traiter l'hypoglycémie

Dans la plupart des cas, il suffit de consommer des hydrates de carbone pour traiter l'hypoglycémie. Ceux-ci doivent être pauvres en matières grasses et en protéines. Si votre de taux de sucre est bas, vous devez consommer un aliment qui se digère facilement pour fournir le glucose nécessaire à votre organisme. Il est essentiel de vérifier votre taux de glycémie une fois que vous aurez traité votre hypoglycémie.

Voici quelques sources d'hydrates de carbone pour traiter votre hypoglycémie :

- un fruit (comme une pomme, une orange, une poire ou des raisins) ;
- un jus d'orange ou de pomme ;
- un verre de lait écrémé ;
- quelques tablettes de glucose.

Les mesures à prendre pour prévenir l'hypoglycémie

Si vous êtes diabétique, il est crucial de contrôler votre glycémie et d'avoir un suivi médical. Voici quelques recommandations pour prévenir l'hypoglycémie :

- Consultez votre médecin régulièrement ;
- Prenez vos médicaments selon les indications de votre médecin ;
- Vérifiez régulièrement votre de taux de glycémie ;
- Répartissez bien vos repas durant la journée ;
- Ne sautez pas de repas ;
- Ne consommez pas d'alcool si votre estomac est vide.

Chapitre 3

L'OBÉSITÉ ET LE DIABÈTE DE TYPE 2

80 % des personnes atteintes de diabète de type 2 ont un problème d'obésité qui correspond à 120 % et plus de leur poids idéal. Une surcharge pondérale est considérée comme un facteur de risque important pour les diabétiques. Si vous êtes diabétique et que vous souffrez d'embonpoint, votre médecin doit vous prescrire une restriction calorique et une perte de poids progressive pour prévenir et traiter les complications à long terme. Bien que ces complications soient nombreuses et redoutables, elles sont en partie évitables si vous modifiez votre mode de vie. L'atteinte et le maintien du poids idéal doivent faire partie intégrante de votre traitement.

Être mieux informé sur le problème de l'obésité

Malheureusement, le diabète de type 2 est, comme je viens de le mentionner, trop souvent lié à un surpoids. L'obésité est en effet une menace réelle pour la santé du diabétique et peut même provoquer plusieurs autres maladies. Lorsqu'un diabétique est obèse, c'est qu'il mange trop et ne se dépense pas assez. Dans ce cas, les mesures diététiques visent toujours à lui faire perdre du poids, en évitant toutefois les régimes hypocaloriques trop sévères et trop restrictifs.

Si vous souffrez de diabète de type 2, il est donc primordial de retrouver un poids santé. La perspective de perdre du poids peut ne pas vous sembler excitante au départ. Toutefois, lorsque vous connaîtrez l'énormité de l'enjeu de l'obésité sur votre santé, vous trouverez cela essentiel d'adopter de bonnes mesures diététiques. Sachez que l'obésité est une cause majeure de résistance à l'insuline. Si vous êtes diabétique, vous pouvez donc améliorer votre sensibilité à cette hormone en perdant du poids grâce à un régime approprié. Il y a plus grave : les personnes atteintes de cette maladie et ayant une surcharge pondérale sont plus exposées que les autres aux maladies cardiovasculaires et à d'autres facteurs de risque comme l'hypertension.

Ne cédez plus à vos compulsions alimentaires

Plusieurs solutions existent pour perdre du poids. Dans la majorité des cas, il suffit de diminuer significativement la teneur en graisses des aliments et de maintenir un apport suffisant de légumes ainsi qu'une quantité modérée de fruits. Dans tous les cas de surcharge pondérale, la perte de poids est indispensable et urgente. La perte de 10 ou de 15 kilos permet souvent d'améliorer le contrôle glycémique. C'est votre diabétologue qui pourra adapter votre restriction calorique. Il sera en mesure d'établir un régime hypocalorique tenant compte de tous les facteurs de risque et vous indiquera aussi la variation de poids à laquelle vous pouvez vous attendre.

Méfiez-vous de certains aliments

Lorsque vous suivez un régime hypocalorique, certains aliments sont à éviter le plus possible. Ceux-ci sont généralement trop riches en matières grasses ou trop sucrés. Pour vous aider à faire de meilleurs choix, consultez le tableau suivant.

Aliments à éviter	Aliments à privilégier
Croissant, brioche	Pain complet, céréales complètes, muesli
Lait entier	Lait écrémé
Yaourt entier	Yaourt maigre
Fromage gras (camembert, double crème, brie...)	Fromage maigre (fromage blanc, fromage écrémé...)
Soupe à la crème	Consommé, soupe aux légumes
Poisson frit	Poisson grillé ou poché
Crevettes	Huîtres, moules, homard
Canard	Dinde, poulet
Saucisses	Saucisses au veau et au tofu

Aliments à éviter	Aliments à privilégier
Beurre	Huile d'olive
Pommes de terre frites	Pomme de terre bouillie ou au four
Glace	Sorbet
Pâtisserie	Salade de fruits
Chocolat	Pouding au lait
Noix salées	Noix, noisettes, amandes
Boissons au chocolat	Thé, tisane, soda hypocalorique

La rechute

À mesure que vous perdrez du poids, vous allez découvrir que même après une rechute, vous pouvez prendre les mesures nécessaires pour vous remettre au régime. Dites-vous qu'une rechute n'est pas un échec et que votre volonté n'est pas mise en cause. Le fait de surmonter une rechute augmentera votre détermination à atteindre votre objectif de stabiliser votre poids. Comme vous pouvez le constater, le temps que vous prenez à vous décider de perdre du poids ne peut que nuire à votre santé. Ne vous punissez surtout pas en faisant d'autres excès. Demandez plutôt l'aide d'un professionnel de la santé. Non seulement pourra-t-il vous aider à maintenir votre plan d'action, mais il pourra aussi vous apporter le soutien dont vous aurez besoin pour vous aider à retrouver votre poids santé.

Chapitre 4

LES BESOINS ALIMENTAIRES DU DIABÉTIQUE

On pourrait se poser plusieurs questions sur l'alimentation des diabétiques parce que celle-ci est indissociable du traitement de cette maladie. Les mauvaises habitudes alimentaires ont des effets remarquablement nocifs sur la glycémie. Pour aggraver les choses, elles constituent un facteur de risque important dans les complications possibles du diabète.

LE PLAN NUTRITIONNEL DU DIABÉTIQUE

Le régime du diabétique répond aux mêmes recommandations nutritionnelles que celui du non-diabétique. Pour mettre en place un plan d'action nutritionnel, le diabétologue doit établir ses recommandations en tenant compte du sexe, de l'âge, du poids et de l'activité du patient ainsi que de la prise des glucides et de sa répartition au cours de la journée afin d'éviter ou de minimiser les fluctuations glycémiques.

Un régime adapté aux besoins de l'individu

Si vous êtes diabétique, il est essentiel que votre régime soit adapté à vos besoins individuels en calories et en éléments nutritifs. Votre médecin établira votre régime à partir de votre profil alimentaire. En cas de complications vasculaires ou rénales, il pourra aussi vous donner des indications pour vous aider à réduire leur évolution. Ce régime devra vous assurer un apport nutritionnel équilibré et vous permettre de maîtriser votre taux de glycémie. Il est possible que certains aspects de votre comportement alimentaire doivent être modifiés. N'oubliez pas que la diététique adaptée est un élément central de votre traitement : manger sainement peut faire toute la différence entre une vie saine malgré le diabète ou un avenir compromis par tous les désordres chroniques possibles.

La composition des menus

Il n'existe pas de menu type pour les diabétiques. Votre diabétologue ou diététiste professionnelle pourra établir des mesures diététiques adaptées à vos besoins. Ces recommandations nutritionnelles ne diffèrent pas de celles souhaitables pour les personnes non diabétiques. Or, la stratégie nutritionnelle la plus plausible est que vous suiviez un régime pauvre en graisses et riche en fibres afin de minimiser l'excès de sucre dans votre sang. Ce type de régime donne habituellement des résultats remarquables dans le traitement du diabète.

L'équilibre entre les glucides, les lipides et les protides

De façon pratique, voici l'équilibre à respecter pour les trois principaux nutriments.

Les glucides

Les glucides doivent représenter entre 50 % et 55 % de votre ration calorique. La plus grande part de ceux-ci doivent provenir de sucres lents et de fibres, car ils diminuent la montée de votre taux de glycémie.

- La consommation de fruits doit représenter entre 10 % et 15 % de vos glucides ;
- La consommation de féculents doit être privilégiée ;
- Le pain peut faire partie de votre alimentation, à condition de le répartir entre les repas ;
- Les boissons sucrées sont interdites.

Les lipides

Les lipides ne doivent pas excéder 30 % de votre ration calorique.

- Diminuez votre consommation de graisses animales telles que les viandes grasses, les œufs, les charcuteries, les fromages et le beurre ;
- Diminuez votre consommation d'aliments riches en gras comme les cacahuètes, le chocolat, les glaces et les pâtisseries.

Les protéines

Les protéines doivent représenter 15 % de votre ration calorique.

- Augmentez votre consommation de poissons ;
- Préférez les viandes maigres.

L'alimentation et les complications chroniques du diabète

Si vous êtes diabétique, il est essentiel de suivre un régime pour éviter les complications du diabète qui surviennent lorsqu'il y a une augmentation incontrôlable de la glycémie. L'équilibration du diabète procure de nombreux bienfaits et a un impact considérable sur la santé. Un régime antidiabétique adapté à vos besoins peut donc vous aider à prévenir des problèmes tels qu'une insuffisance rénale, un

Des menus équilibrés

Il y a quelques règles à observer dans l'élaboration de vos menus. Les voici :

- Pensez à vos menus à l'avance et faites les achats prévus au bon moment ;
- Évitez le gaspillage ;
- Tenez compte du temps dont vous disposez et de vos connaissances culinaires ;
- Assurez-vous que vos menus répondent à vos besoins nutritifs ;
- Le choix, la quantité et la qualité des aliments doivent faire l'objet d'une attention constante ;
- Tenez compte des couleurs, des saisons et de la variété ;
- Composez des menus variés et agréables.

infarctus, une gangrène ou une cécité. Pour soigner cette maladie, il est indispensable de manger sainement, même si cela exige des efforts.

LES INSUFFISANCES NUTRITIONNELLES

Vous devez également vous assurer que votre alimentation couvre tous vos besoins nutritionnels. Certaines recherches suggèrent en effet que les diabétiques pourraient présenter une carence de plusieurs nutriments comme le zinc, le cuivre, le manganèse, le sélénium, le calcium, la vitamine D et la vitamine A (voir la rubrique sur les compléments alimentaires à la page 96). Certains médecins prescrivent alors des compléments de vitamines et de minéraux à leurs patients diabétiques pour pallier certaines insuffisances de leur régime antidiabétique. Mais il faut toutefois obtenir l'avis préalable de votre professionnel de la santé avant d'y avoir recours.

L'INDEX GLYCÉMIQUE

L'index glycémique est une mesure scientifique permettant d'évaluer la vitesse de passage à laquelle les glucides d'un aliment peuvent se transformer en glucose. La valeur du glucose est évaluée à 100. Plus l'index glycémique d'un aliment est élevé, plus l'absorption du glucose est rapide. Parmi les aliments à index glycémique élevé, on trouve, entre autres, les boissons gazeuses, le pain blanc, les biscottes, la purée de pommes de terre et le miel. Pris seuls, ces aliments font monter la glycémie ; associés à d'autres, leur absorption est ralentie. Les aliments à index glycémique élevé peuvent apporter la part de glucides nécessaire à une alimentation saine lorsqu'ils entrent dans la composition de menus bien équilibrés.

LES ALIMENTS ET LEUR INDEX GLYCÉMIQUE

La connaissance des tendances glycémiques des aliments peut vous aider à mieux équilibrer votre diabète. Parmi les aliments qui ont un index glycémique assez faible, mentionnons les pâtes, les lentilles, les haricots blancs, le lait, le yaourt nature, les pamplemousses, les cerises et les cacahuètes.

Les fruits

	Index glycémique (100)
Abricots secs	38
Ananas	66
Banane	53
Cacahuètes	11
Cerises	25
Mangue	55
Orange	43
Pamplemousse	25
Pêche	29
Poire	25
Prune	25
Raisins	45

Les sucres

	Index glycémique (100)
Fructose	20
Glucose	100
Miel	87
Sucre de table	59

Les collations

	Index glycémique (100)
Arachides	18
Croustilles	51
Gâteau éponge	46
Soupe aux tomates	38
Tablette de chocolat	68

Les céréales

	Index glycémique (100)
Avoine	49
Blé entier	67
Fécule de maïs	80
Muesli	66
Son	51

Les pains

	Index glycémique (100)
Blanc	69
Blé entier	72
Sarrazin	51

Les produits laitiers

	Index glycémique (100)
Crème glacée	36
Lait	34
Lait écrémé	32
Yaourt	36

Les légumes

	Index glycémique (100)
Betterave	64
Carotte	92
Navet	97
Patate douce	48
Pomme de terre	70

Les pâtes et les riz

Pâtes	Index glycémique (100)
Spaghetti	50
Spaghetti de blé entier	42
Riz	
Blanc	72
Brun	66

Les légumineuses

	Index glycémique (100)
Fèves au lard	40
Fèves de Lima	36
Haricots de soya	15
Haricots noirs	33
Haricots rouges	29
Haricots verts	31
Lentilles	29
Pois chiches	36
Pois congelés	51

LES PRODUITS ALIMENTAIRES ALLÉGÉS

Nous avons tous fait l'expérience de nous retrouver devant une rangée de produits dits « de régime » et porteurs de messages plus emballants les uns que les autres. Le consommateur avisé et soucieux d'acheter un de ces produits lira les étiquettes afin de vérifier la liste des ingrédients. Certains de ceux-ci sont pauvres en glucides mais riches en lipides, ce qui n'est pas un bon compromis. À poids égal, les lipides sont 2,5 fois plus caloriques que les glucides. De plus, une grande consommation de lipides est néfaste pour la santé des artères.

Les produits allégés en matières grasses sont tolérés, pour autant que vous les utilisiez raisonnablement. Toutefois, gardez à l'esprit que les repas allégés sont à proscrire dans le traitement du diabète. Prenez toujours la précaution de bien lire les étiquettes pour faire des choix éclairés.

Les édulcorants

Les édulcorants se distinguent en deux groupes : les édulcorants qui ont une charge calorique comme le fructose et le sorbitol et qui doivent être pris en compte dans la ration calorique ; le second groupe comprend des édulcorants qui sont pratiquement tous dépourvus de calories comme l'aspartame, la saccharine, les cyclamates. Si vous êtes diabétique et que vous voulez consommer des produits alimentaires allégés en sucre, sachez que vous pouvez les utiliser favorablement.

Quelques points à retenir sur les sucres

On estime que près de 75 % des sucres que l'on consomme proviennent des aliments transformés. Ceux-ci sont invisibles parce qu'ils entrent dans la composition de produits comme les bouillons en cube, les mayonnaises commerciales, etc. Ils ont une valeur nutritive limitée, puisqu'ils sont dépourvus de vitamines et de minéraux. Il existe plus d'une centaine de substances chimiques regroupées sous le terme de « glucides ».

Quant aux sucres artificiels, ils ont un pouvoir très sucrant et sont aussi presque tous dépourvus de calories. Le tableau suivant vous fournit une description des édulcorants de synthèse les plus utilisés.

Les sucres artificiels les plus utilisés

Nom	Calories	Pouvoir sucrant (équivaut au nombre de fois que le produit est plus sucré que le sucre)	Particularités
Aspartame	Autant que le sucre	180	Utilisé comme additif alimentaire au Canada et aux États-Unis.
Cyclamates	0	30	Utilisés comme sucre de table dans plusieurs pays dont le Canada et la France.
Saccharine	0	300	Utilisée comme additif alimentaire.
Sucralose	0	600	Fabriqué à partir du sucre ordinaire, peut être utilisé pour la cuisson.

LES RECOMMANDATIONS DIÉTÉTIQUES

Voici quelques conseils pratiques supplémentaires :

- En plus de répartir vos repas et collations dans la journée, n'excédez pas de 30 % votre apport énergétique en matières grasses ;

- Assurez-vous que votre régime comprend du poisson et un bon apport de fibres alimentaires pour contrôler votre glycémie ;
- N'abusez pas des produits contenant des édulcorants ;
- Si vous souffrez d'hypertension artérielle, assurez-vous de contrôler votre consommation de sel de table.

Les aliments à éviter

Il faut éviter de consommer les aliments suivants :

- Les sucres concentrés ou raffinés, comme les bonbons, le cola, les sodas, le chocolat, etc. ;
- Le lait entier et les fromages gras ;
- Les poissons frits avec une huile ou une graisse inconnue ;
- Les viandes grasses ;
- Les légumes sautés ou frits ;
- Les glaces ;
- Les sauces à base de crème ;
- Les pâtisseries ;
- Les biscuits ;
- Le chocolat ;
- Les barres à la noix de coco ou au caramel ;
- Les boissons chocolatées ;
- Les vinaigrettes et la mayonnaise.

Astuce santé

Une matière grasse telle que l'huile apporte 9 calories par gramme alors que les protéines et les glucides fournissent 4 calories par gramme.

Pour faire de bons choix alimentaires

Les légumes

Les bienfaits de la consommation de légumes sont bien connus aujourd'hui. Riches en vitamines et en antioxydants, ils sont parfaits pour aider à réduire le cholestérol. Ils apportent aussi très peu de glucides et sont recommandés depuis l'Antiquité pour équilibrer le diabète.

Achat

Choisissez des légumes fermes et bien colorés. Évitez d'acheter les légumes épluchés, ramollis, ou ceux dont les feuilles sont molles et jaunies.

Préparation et utilisation

Pour conserver leur saveur, leur valeur nutritive et leur apparence, les légumes ne doivent pas être exposés au soleil ou à la chaleur. Pour les nettoyer, il suffit de les laver à l'eau courante. Évitez toutefois de les mettre à tremper dans un plat ou une casserole trop longtemps afin de limiter la perte de vitamines hydrosolubles comme la vitamine C.

Cuisson

Presque tous les légumes peuvent être consommés crus. Si vous décidez de les faire cuire, souvenez-vous qu'une cuisson rapide et à forte température entraîne une perte limitée des vitamines. N'oubliez pas que les légumes pas trop cuits ont plus de saveur et de valeur nutritive. Comme ils peuvent être utilisés de mille et une façons, vous pouvez opter pour tous les modes de cuisson : à la vapeur ou au four à micro-ondes, les pocher, les faire revenir à la poêle, les ajouter à des potages, à du riz ou à des plats de pâtes. Vous pouvez aussi les aromatiser avec des épices relevées.

Valeur nutritive

Les légumes fournissent une grande quantité d'éléments nutritifs et sont excellents pour la santé. Riches en eau (80 % à 95 % de leur composition), ils fournissent des fibres solubles et insolubles. De plus, ils sont pauvres en matières grasses et en calories.

Légumes	Calories	Glucides (g)	Fibres (g)
Artichaut	50	11,2	5,4
Asperge	23	4,5	2,1
Aubergine	26	6,1	2,5
Bette à carde	19	3,7	1,6
Betterave	44	10,0	2,0
Brocoli	28	5,2	3,0
Carotte	43	10,1	3,0
Chou-fleur	25	5,2	2,5
Chou vert	25	5,4	2,3
Courgette	14	2,9	1,2
Endive	17	3,3	3,1
Épinard	22	3,5	2,7
Fenouil	31	7,3	3,1
Haricot vert	129	24,0	9,4
Oignon	38	8,6	1,8
Petits pois	84	15,6	5,5
Poireau	61	14,1	1,8
Poivron	27	6,4	1,8
Radis	17	3,6	1,6
Salsifis	82	18,6	3,3
Tomate	21	4,6	1,1

Les fruits

On les consomme de maintes façons : crus, cuits, déshydratés, pochés, en conserve ou encore macérés dans l'alcool. Du point de vue nutritionnel, les fruits crus servis nature constituent la meilleure façon de les consommer. Si vous devez les préparer pour en faire des entremets, il s'agit de les préparer simplement sans ajouter de sucre.

Achat

Les fruits sont souvent cueillis avant la maturité. Ils sont parfois difficiles à choisir parce que la plupart des commerçants les vendent avant qu'ils soient mûrs. Évitez surtout d'acheter des fruits abîmés ou trop mûrs.

Truc culinaire

Vous pouvez farcir des moitiés de pêches et de poires de fromage blanc et de quelques noix de Grenoble.

Préparation et utilisation

À l'exception des petites baies, comme les mûres et les framboises, les fruits doivent être lavés pour les débarrasser des saletés et résidus de traitement. Pour les faire mûrir, gardez-les à la température ambiante. Les fruits mûrs sont généralement odorants et tendres. Mangez-les sans tarder ou placez-les au réfrigérateur. Souvenez-vous que les fruits prêts à la consommation ont besoin d'un peu d'humidité et de froid pour conserver leur fraîcheur.

Autant que possible, mangez des fruits frais. Vous pouvez aussi les servir en salades délicieuses et en compotes ; ils peuvent également être cuits ou pochés. Certains sont incroyablement délectables dans les plats de viande et de volaille.

Consultez de bons livres de recettes pour découvrir de nouvelles façons de les apprêter.

Valeur nutritive

Les fruits sont très nutritifs et idéals comme dessert peu calorique. Riches en vitamines A, B_6 et C ainsi qu'en minéraux, ils renferment peu de calories. Le contenu d'un fruit en glucides se situe habituellement entre 13 g à 23 g.

Fruits	Calories	Glucides (g)	Fibres (g)
Abricot	50	11,1	2,4
Ananas	52	12,4	1,2
Banane	83	19	3,4
Cassis	41	11	–
Cerise	77	15,5	2,3
Citron	32	8	2,5
Dattes	300	73	8,7
Figues	72	19,2	3,1
Fraises	36	7	2,1
Framboises	41	8	5,3
Grenade	67	17,2	0,6
Groseilles	56	13,8	4,3
Kiwi	57	12	1,5
Litchis	66	16,5	1,3
Mandarine	47	25	2,3
Mangue	64	15	1,5
Mûres	57	12,5	2,4
Myrtilles	66	15	2,5

Fruits	Calories	Glucides (g)	Fibres (g)
Orange	49	8,5	2,0
Pamplemousse	38	9,6	1,0
Papaye	39	9,8	1,8
Pastèque	32	7,2	0,5
Pêche	43	11,1	2,0
Poire	58	15,0	2,4
Pomme	59	13,2	2,1
Prune	53	13,0	1,5
Raisins	63	16,0	1,0

Les légumineuses

Si vous désirez manger moins de viande, pensez aux légumineuses. Celles-ci ont sensiblement le même apport protéique que la viande, mais sont moins grasses.

Achat

Les légumineuses se vendent habituellement sèches. Évitez de choisir des légumineuses ternes ou vieilles. Conservez-les dans un bocal de verre à couvercle hermétique au réfrigérateur ; elles se garderont pendant un an. Vous pouvez aussi trouver des légumineuses précuites, en conserve.

Préparation et utilisation

Le mode de cuisson privilégié des légumineuses est l'ébullition. Il suffit de mettre les légumineuses sèches dans une casserole contenant de l'eau. Portez à ébullition, réduisez le feu, puis laissez mijoter jusqu'à ce qu'elles soient tendres. Les légumineuses peuvent être utilisées dans les potages, les salades, les plats de riz, etc. Elles sont aussi délicieuses avec des assaisonnements comme l'ail, l'oignon, le poireau, le cumin, le curry, le poivron vert et la tomate.

Valeur nutritive

Les légumineuses procurent de grandes quantités de protéines, de fibres, de fer, de potassium, avec un apport minime de graisses et de sodium.

Légumineuses (100 g)	**Calories**	**Protéines (g)**	**Lipides (g)**	**Glucides (g)**	**Fibres (g)**
Fèves	110	7,5	0,4	19,7	5,4
Haricots blancs	139	9,7	0,4	25,1	6,3
Haricots de Lima	115	7,8	0,4	20,9	7,0
Haricots de soya	173	16,6	0,9	9,9	6,0
Haricots mungo	105	7,0	0,3	19,1	7,5
Haricots noirs	132	8,9	0,5	23,7	8,7
Haricots rouges	107	8,7	0,5	22,8	7,4
Lentilles	116	9,0	0,4	20,1	7,9
Pois cassés	118	8,3	0,4	21,1	8,3
Pois chiches	164	8,9	2,5	27,4	7,6

Les céréales

Riches en glucides, les céréales contiennent peu de matières grasses. Vous pouvez augmenter votre consommation en fibres en mangeant plus de céréales complètes ; celles-ci régularisent le transit intestinal et ralentissent l'absorption des glucides et des lipides.

Utilisation et cuisson

Les céréales sont polyvalentes : elles peuvent être incorporées aux légumineuses, accompagner les mets principaux, être apprêtées avec des légumes, des fruits... Vous pouvez les faire cuire dans de l'eau, du lait ou du bouillon. Le temps de cuisson des céréales est variable.

Valeur nutritive

Les céréales sont des protéines, puisqu'elles contiennent des acides aminés dits essentiels (certaines sont présentes en petites quantités) ainsi que des minéraux comme du fer, du phosphore, du magnésium et du zinc. Elles renferment peu de matières grasses, mais sont très riches en glucides.

Les céréales (100 g)	**Calories**	**Protéines (g)**	**Lipides (g)**	**Glucides (g)**	**Fibres (g)**
Amarante	374	14,5	6,5	66,2	15,2
Avoine	389	16,9	6,9	66,3	10,6
Blé	339	13,7	2,4	71,1	-
Farine	362	13,7	1,9	78,0	12,2
Maïs	381	3,3	0,1	91,3	0,9
Millet	119	3,5	1,0	23,7	1,3
Pâtes alimentaires	124	5,3	0,5	26,5	4,5
Riz	130	2,7	0,3	28,2	0,4
Sarrasin	343	13,3	3,4	71,5	10,0
Seigle	335	14,8	2,5	69,8	14,6

Les produits laitiers

Préférez le lait écrémé aux autres types de lait. Méfiez-vous aussi des produits laitiers trop gras et remplacez les produits dérivés du lait entier (glaces, fromages à pâte dure, etc.) par des produits à base de lait écrémé (fromages et yaourts allégés, etc.).

Préparation et utilisation

Le lait peut causer des problèmes en cuisine : il faut le faire chauffer à basse température et le fouetter de temps en temps pour éviter la formation d'une peau à la surface. Pour éviter de le faire tourner, ajoutez l'ingrédient acide au lait et non le contraire. N'oubliez pas que le lait frais doit être réfrigéré pour conserver sa fraîcheur.

Le fromage est un aliment polyvalent : il est très utilisé en cuisine comme ingrédient de base ou condiment. Il existe plus d'un millier de variétés de fromages dans le monde.

Valeur nutritive

Les produits laitiers sont riches en protéines et contiennent du calcium. Ils sont souvent recommandés pour la santé osseuse. Choisissez toujours des produits laitiers qui contiennent peu de matières grasses.

Produits laitiers	Calories	Protéines (g)	Lipides (g)
Beurre salé	717	0,9	0,1
Crème de table	469	6,5	8,8
Crème glacée	201	3,5	23,6
Fromage camembert	299	19,8	0,5
Fromage cheddar	402	24,9	1,3
Fromage roquefort	369	21,5	2,0
Lait 2 % M.G.	121	8,1	11,7
Lait 3,25 % M.G.	150	8,0	11,4
Yaourt nature	150	8,5	11,4

La volaille

Le terme « volaille » désigne l'ensemble des oiseaux domestiques élevés en vue de l'alimentation. Les volailles comprennent donc les poulets, les dindonneaux, les canards, les oies et bien d'autres.

Achat

La qualité des volailles dépend surtout de leur âge et de leur alimentation. On reconnaît une volaille de qualité lorsqu'elle a une forme pleine, une peau lisse et ne présente aucune meurtrissure.

Préparation et utilisation

Plusieurs modes de cuisson conviennent aux poulets et aux dindonneaux : la grillade, le sauté et le rôtissage. La volaille fraîche peut être conservée deux ou trois jours.

Le canard et l'oie : ces deux volailles ont la même chair brune et grasse. Le mode de cuisson qui leur convient le mieux est le rôtissage dans un faitout à double fond. Le canard peut être aussi braisé. Rappelons que toutes les volailles peuvent être farcies.

Valeur nutritive

On attribue une très haute valeur alimentaire aux volailles. Riches en protéines, leur teneur en matières grasses varie beaucoup.

Volailles (100 g)	**Calories**	**Protéines (g)**	**Lipides (g)**
Canard	201	23,5	11,2
Dinde	157	25,9	3,2
Poulet rôti	239	27,3	13,6

Les poissons

Pour diminuer la prise de matières grasses saturées, il peut être judicieux de manger plus souvent du poisson.

Achat

Au moment de l'achat, pour savoir si un filet de poisson est frais, appuyez-y un doigt : si la chair est ferme et élastique, il est frais !

Comment choisir le poisson

Voici quelques points à surveiller au moment d'acheter un poisson :

- Ses écailles sont luisantes et bien attachées ;
- Ses branchies sont de couleur rose ou rouge vif ;
- Sa chair est ferme et élastique ;
- L'odeur du poisson est fraîche et peu prononcée.

Préparation et utilisation

Le poisson frais ne se conserve pas plus de deux jours dans la partie la plus froide du réfrigérateur. Pour le garder plus longtemps, placez-le au congélateur.

Il y a plusieurs façons de cuire le poisson : vous pouvez le faire griller, cuire au four à micro-ondes, pocher... Pour rehausser le poisson, utilisez de l'ail, du gingembre, de l'aneth, du basilic ou du citron.

Valeur nutritive

Les poissons contiennent des graisses qui sont bénéfiques ainsi que du sélénium, un nutriment indispensable que l'organisme ne fabrique pas. Depuis une vingtaine d'années, de nombreux articles ont été publiés sur les bienfaits du poisson sur la santé cardiaque. En voici quelques-uns :

- Rend la circulation plus fluide ;
- Aide à réduire le taux de cholestérol ;
- Aide à garder une pression artérielle normale.

Poissons (100 g)	**Calories**	**Protéines (g)**	**Lipides (g)**
Achigan	90	14,9	2,9
Anchois	131	20,4	4,8
Anguille	184	18,4	11,7
Bar commun	125	23,8	2,6
Saumon	116	19,9	3,5
Sole	68	14,9	0,9
Thon	144	23,3	4,9
Truite	109	16,5	4,3
Turbot	95	16,1	3,0

Les viandes

Pour la majorité des Occidentaux, la viande, particulièrement de bœuf, constitue la source de protéines par excellence. Or, la quantité de nourriture nécessaire à cet animal pour se rendre à maturité est disproportionnée par rapport au poids de viande qu'il fournit. C'est donc un aliment de luxe... réservé aux pays industrialisés.

La viande est aussi une source importante d'acides gras saturés et de cholestérol. Si vous désirez consommer de la viande, choisissez des coupes maigres, retirez-en toute la graisse visible et choisissez des modes de cuisson nécessitant peu de gras. Souvenez-vous aussi que le salage ou le fumage des viandes développe des substances cancérigènes.

Préparation et utilisation

En règle générale, les viandes sont très périssables (elles se conservent quelques jours au réfrigérateur). Laissées à la température ambiante, elles deviennent impropres à la consommation. La qualité de la viande dépend de plusieurs facteurs, comme la race, l'âge et l'alimentation.

Les viandes se prêtent à tous les modes de cuisson : grillade, rôtissage, braisage, ébullition, sauté, etc. Il est recommandé d'utiliser une cuisson prolongée pour les coupes moins tendres. En outre, il est nécessaire de bien maîtriser les techniques fondamentales pour réussir la cuisson d'une viande.

Vous pouvez servir n'importe quel légume avec la viande ; par exemple : les courges, les carottes, les betteraves, les oignons farcis, les aubergines, le céleri braisé, les navets, les tomates farcies et les épinards.

Valeur nutritive

Les viandes fournissent des protéines. Elles sont aussi une source de certaines vitamines du complexe B et de minéraux.

N'abusez pas des graisses animales !

Il vaut mieux éviter de cuisiner avec les graisses animales, car elles entraînent une modification de la flore intestinale. Pensez plutôt aux nombreux types de cuisson qui ne nécessitent pas de corps gras : à la vapeur, en papillote...

Viandes (100 g)	**Calories**	**Protéines (g)**
Agneau haché	192	25,5
Bifteck d'aloyau	148	21,0
Bœuf haché maigre	148	21,0
Bœuf haché ordinaire	283	17,8
Côtelette d'agneau	169	20,0
Côtelette de veau	120	20,0
Côtes levées de porc	286	17,1
Cubes d'agneau pour brochettes	186	28,1
Cubes de veau pour ragoûts	109	20,3
Filet de bœuf	283	17,8
Filet de porc	136	20,5
Jarret d'agneau	120	21,1
Longe de porc	136	20,2
Palette de veau	129	19,2
Porc haché	209	16,7
Rôti de bœuf	353	23,1
Rôti de bœuf en palette	285	16,7
Tranche de surlonge de veau	110	20,2

Faites ce qui est bon pour vous

- Suivez votre régime et respectez la répartition journalière. Évitez de sauter des repas ou de grignoter.
- Prenez le temps de savourer vos aliments et mangez dans le calme.
- Buvez suffisamment durant la journée et aux repas. Privilégiez l'eau, les tisanes sans sucre, l'eau minérale.
- Évitez les sucreries, les pâtisseries, les sodas (même ceux contenant des édulcorants).
- Évitez les aliments trop riches en graisses comme la charcuterie, les fritures, les plats en sauce, etc.

Votre manière de faire les courses

Vous n'avez probablement pas le temps de faire vos courses tous les jours et, comme la majorité des gens, vous les faites le samedi. Mais hélas ! les vitamines de vos fruits et légumes ne résistent pas à l'épreuve du temps. Dans ces conditions, mieux vaut faire appel aux conserves et aux surgelés ; vous éviterez ainsi de manger des fruits et des légumes trop longtemps stockés.

Les modes de cuisson

Voici quelques recommandations pour vos préparations culinaires :

- Utilisez les modes de cuisson qui demandent peu ou pas de matières grasses ;
- Aromatisez plutôt vos plats avec des fines herbes, de l'ail, des échalotes ou du jus de citron.

Voici quelques modes de cuisson à privilégier :

- *Les viandes* : elles peuvent être grillées, rôties ou cuites à l'autocuiseur ou à la mijoteuse ;
- *Les poissons* : ils peuvent être cuits au four, braisés dans un court-bouillon, en papillote ou au four à micro-ondes ;
- *Les légumes* : ils peuvent être cuits à la vapeur, à l'eau ou au four à micro-ondes ;
- *Les œufs* : ils peuvent être cuits durs, pochés, à la coque, en omelette ou au plat dans un poêlon antiadhésif.

La cuisson en papillote

Si vous suivez un régime pauvre en gras, la cuisson en papillote est idéale pour les poissons et les viandes, car elle ne nécessite aucune graisse de cuisson. De plus, ce mode de cuisson donne une saveur exquise aux aliments.

Pour la cuisson en papillote, les morceaux de poisson ou de viande doivent être enveloppés dans du papier d'aluminium et placés sur un gril ou dans le four. Avant de les y déposer, parfumez-les avec des herbes fraîches ou séchées pour imprégner les aliments pendant la cuisson. Le choix des herbes est une affaire de goût personnel. Voici quelques suggestions pour les viandes et les poissons :

- Pour le bœuf : la marjolaine, le basilic, la sarriette, le romarin ;
- Pour l'agneau : la marjolaine, le thym, le romarin ;
- Pour le veau : les feuilles de laurier, le romarin ;
- Pour le porc : l'origan, la sauge ;
- Pour la volaille : la sarriette, la sauge ;
- Pour le poisson : l'aneth, le fenouil.

Pour donner plus de saveur à vos aliments, vous pouvez aussi garnir vos morceaux de viande avec des lanières de poivron, des tranches de tomate ; les morceaux de poisson avec des tranches de citron et les morceaux de volaille avec une branche de céleri et des morceaux de carotte. Les aliments cuits en papillote se font à température modérée.

La cuisson à la vapeur

Ce mode de cuisson se pratique avec un ustensile de cuisson composé d'une étuveuse et d'une casserole s'emboîtant l'une dans l'autre. L'étuveuse reçoit l'aliment à cuire ; la casserole contient l'eau qui bout. Un espace vide est maintenu entre l'étuveuse et la casserole. C'est la vapeur d'eau qui s'en dégage qui constitue la source de chaleur.

Les aliments que l'on peut cuire à la vapeur sont principalement les légumes. Cette méthode permet de mieux conserver certaines vitamines et certains sels minéraux qui ont la propriété de se dissoudre dans l'eau.

L'autocuiseur

Cette méthode de cuisson fonctionne d'après le principe de cuisson à la vapeur, mais la pressurisation permet d'atteindre une température plus élevée. Ce procédé est rapide et efficace pour cuire des légumes racines comme les betteraves, le rutabaga et le radis noir, mais il convient aussi parfaitement à d'autres mets. Il offre l'avantage de conserver la valeur alimentaire des aliments, à l'exception de certaines vitamines détruites par la trop grande chaleur.

Le pochage

Ce mode de cuisson traditionnel s'applique à une cuisson par ébullition dans laquelle l'eau est remplacée par un bouillon qui frémit. Les liquides employés pour pocher comprennent les bouillons, le court-bouillon et les consommés. On peut pocher un grand nombre d'aliments comme les morceaux de volaille, le poisson et les légumes coupés.

Le court-bouillon

Voici une recette de court-bouillon, facile à préparer, pour pocher la volaille ou les légumes :

2 litres d'eau froide
persil frais ou feuilles de céleri
1 oignon
feuilles de laurier
thym
sel et poivre

Le rôtissage

Ce mode de cuisson s'applique à la cuisson au four, à chaleur sèche. Ce procédé se fait dans une rôtissoire, à la broche ou en cocotte et convient particulièrement bien aux viandes, aux poissons et aux légumes. Il est avantageux de couvrir les pièces de grosse dimension de papier d'aluminium lorsqu'elles sont bien saisies et que la cuisson est assez avancée. Les rôtis doivent être assaisonnés peu à peu au cours de la cuisson. Le rôtissage ne nécessite aucun ajout de gras ou de liquide.

L'ébullition

Ce procédé consiste à plonger l'aliment à cuire dans de l'eau bouillante salée. Le sel contenu dans l'eau permet de bouillir l'aliment à une température plus élevée que dans de l'eau douce ; le condiment relève aussi la saveur des aliments cuits. En fait, tous les aliments pourraient être cuits par ébullition, mais on l'utilise uniquement pour les denrées qui ne se prêtent pas à d'autres modes de cuisson.

LE FOUR À MICRO-ONDES

La cuisson au four à micro-ondes permet de réussir des plats cuisinés sans avoir à employer une grande quantité de matières grasses. Cet appareil est aussi très utile pour réchauffer des plats et convient particulièrement aux aliments à cuisson rapide, aux petites portions, etc. Il existe toutes sortes de modèles, des plus simples aux plus sophistiqués. Par ailleurs, une cuisson au four à micro-ondes doit être conduite avec soin et répondre aux exigences formulées par le manufacturier.

Ce qu'il faut savoir sur les huiles

Les huiles contiennent des vitamines A, D et E. Leur valeur énergétique est la même : 7 ml d'huile fournissent 61 calories et renferment 7 g de lipides. Certaines huiles ne supportent pas la chaleur, comme l'huile de noix et l'huile de soya pressée à froid. N'oubliez pas que les huiles ne peuvent être stockées trop longtemps ; l'idéal consiste, bien sûr, à acheter de petits formats.

Sachez modifier vos habitudes alimentaires

C'est possible d'avoir une alimentation saine, tout en conservant le plaisir de manger. Voici quelques conseils qui vous permettront d'y arriver sans trop de contraintes :

- Ne cuisinez pas au beurre ou à l'huile ;
- Consommez uniquement des viandes maigres (comme la volaille) et des poissons ;
- Pensez aux nombreux types de cuisson qui ne nécessitent pas de corps gras ;
- Mangez végétarien une ou deux fois par semaine ;
- Faites vos salades à l'huile d'olive ;
- Consommez tous les jours des légumes, des fruits frais et des céréales complètes.

Chapitre 5

BOUGEZ, BOUGEZ, BOUGEZ !

De nombreuses études ont démontré que faire de l'exercice régulièrement pouvait réduire de façon marquée le risque de développer plusieurs maladies telles que les maladies cardiovasculaires. Or, l'une des meilleures façons de réduire au minimum les complications reliées au diabète consiste à... bouger ! L'activité physique sous une forme ou une autre est essentielle en cas de diabète. Que vous choisissiez la marche, la natation, le cyclisme ou le ski de fond, vous devez accomplir régulièrement une activité physique pour augmenter la sensibilité de votre organisme à l'insuline et pour fortifier votre appareil circulatoire.

Vos muscles et le glucose

Souvenez-vous que le diabète de type 2 résulte de l'incapacité de l'organisme à fabriquer l'insuline de manière efficace. Aussi, lorsque vous avez une résistance à l'insuline, le glucose de votre sang éprouve de la difficulté à s'introduire dans vos muscles. Ceux-ci forment une sorte de barrière qui freine l'accès au glucose. Il est certain que le fait d'utiliser vos muscles va les rendre plus réceptifs au glucose. Les études démontrent en effet que les muscles qui ont travaillé vont se servir du glucose plus efficacement que les muscles au repos.

Quelques-uns des bienfaits de l'exercice physique régulier

L'exercice physique régulier chez le diabétique de type 2 offre plusieurs avantages :

- il améliore le contrôle glycémique ;
- il occasionne une diminution des triglycérides ;
- il augmente le HDL du cholestérol ;
- il a un effet antithrombotique.

Développer de l'endurance physique

Un autre avantage de commencer à bouger est qu'en augmentant votre force musculaire, vous développez de l'endurance. En outre, votre première randonnée en vélo sera beaucoup plus éprouvante physiquement que la quatrième fois que vous en ferez. C'est un fait : plus vous pratiquerez le cyclisme, plus vous développerez de l'endurance à l'exercice ! En prime, ce sera un autre moyen de mieux maîtriser votre diabète.

LES DANGERS D'UN MODE DE VIE TROP SÉDENTAIRE

La majorité des diabétiques savent qu'un mode de vie sédentaire a des effets remarquablement nocifs sur la santé. Pourtant, 60 % d'entre eux souffrent d'obésité et ne font pas d'exercice. Il est prouvé que les efforts musculaires d'endurance permettent d'améliorer le contrôle glycémique des diabétiques qui ne sont pas insulinopéniques. Dans tous les cas, il est judicieux de consulter votre médecin avant d'entreprendre n'importe quel programme d'exercice. Vous pourriez ainsi éviter les répercussions possibles sur votre santé d'un programme non approprié.

Bougez… et perdez des kilos !

La régularité de l'activité physique est un facteur fondamental pour contrôler le poids et la tolérance au glucose. L'activité elle-même devrait être précédée d'un réchauffement et se terminer par un moment de récupération. Le tableau qui suit vous fournit une liste d'activités physiques avec le nombre de calories que vous pouvez brûler à l'heure.

± 100 calories/heure	Dormir	Manger	Conduire	S'asseoir
± 200 calories/heure	Jouer au golf	Jardiner	Marcher	Danser
± 300 calories/heure	Jouer au ping-pong	Tondre la pelouse	Jouer au tennis	
± 400 calories/heure	Nager	Patiner	Faire du vélo	

± 500 calories/heure	Marcher en montagne	Faire du jogging	Faire de la course
± 600 calories/heure	Jouer au squash	Faire du vélo intérieur	Faire du ski de fond
± 700 calories/heure	Danser à la corde		

MOTIVEZ-VOUS !

La fatigue, l'ennui et la routine – parce qu'ils érodent la motivation – sont quelques-unes des causes de l'abandon d'exercices ou d'activités physiques. Mais ces facteurs ne s'engendrent pas par eux-mêmes. À titre d'exemple, si vous décidez de marcher 30 minutes par jour et que vous effectuez toujours le même circuit, il y a de grandes chances que cette marche répétitive et routinière devienne mécanique et monotone après une longue période de temps. Par conséquent, vous risquerez fort de l'abandonner. La clé consiste à diversifier vos activités physiques si vous ne voulez pas vous décourager. C'est sûr que vous aurez besoin de faire un effort particulier pour entreprendre un programme de mise en forme, mais vous trouverez peut-être utile de diversifier vos activités physiques si vous ne voulez pas vous lasser rapidement.

Votre attitude face à l'activité physique peut aussi améliorer votre rendement. Vous avez donc intérêt à accomplir vos exercices et vos activités physiques adéquatement. Cette stratégie vous permettra de trouver du plaisir à bien l'exécuter plutôt que de la considérer comme une corvée. Surtout, ne l'expédiez pas seulement pour qu'elle soit accomplie. Une fois de plus, vous risquerez d'abandonner assez rapidement votre programme de mise en forme.

À moins d'avis contraire de votre médecin, il est primordial de vous dépenser physiquement afin d'améliorer votre état de santé. Si c'est votre cas, trouvez-vous une motivation capable de rendre votre activité physique plus intéressante. Choisissez une approche positive et pensez à l'importance d'un mode de vie moins sédentaire pour diminuer les complications possibles du diabète. N'est-ce pas là une bonne raison de vous y mettre le plus rapidement possible ?

Dix bonnes raisons de faire de l'exercice

Lorsqu'il s'agit d'adopter des habitudes de vie saines, l'exercice peut avoir un impact positif considérable sur la santé d'un diabétique. Voici 10 bonnes raisons pour commencer à en faire régulièrement. L'exercice physique aide à :

1. réduire le taux de glycémie ;
2. mieux faire fonctionner l'insuline ;
3. réduire les risques de développer une maladie cardiaque ;
4. réduire le taux de triglycérides ;
5. prévenir l'ostéoporose ;
6. lutter contre une surcharge pondérale ;
7. tonifier la musculature ;
8. vous sentir mieux ;
9. gérer votre stress ;
10. rester en santé.

LE GLUCOSE : LE CARBURANT DE VOS MUSCLES

Comme l'exercice physique augmente l'efficacité de l'insuline, chaque fois que vous vous dépensez physiquement, vos muscles utilisent le glucose de votre sang comme carburant. Si votre taux de glycémie est trop élevé avant un exercice, vous pourrez observer qu'il baissera après un effort musculaire. Par conséquent, si votre taux de glycémie est normal avant de faire de l'exercice, vous remarquerez qu'il sera trop bas à moins d'un apport de glucides permettant d'éviter la survenue d'hypoglycémie. C'est pourquoi il est nécessaire, dans ce cas, de manger des hydrates de carbone complexes avant et après le sport. En outre, lorsque votre taux de glycémie est trop bas, il est fortement conseillé d'éviter tout effort musculaire, car celui-ci présente un risque.

Le glucose et vos muscles

Le besoin en glucides augmente selon la durée et l'intensité de l'effort. Aussi, plus l'effort physique est intense, plus vos muscles consomment de glucides.

Les sports à privilégier

Considérez tout d'abord les activités physiques qui vous intéressent. Tirez également parti de sports que vous pouvez pratiquer avec un ami, ce sera plus stimulant. Si vous ne faites aucun exercice physique, donc que vous êtes sédentaire, vous devez essayer des sports d'endurance comme la marche à pied, le cyclisme, le ski de fond, et autres.

La fréquence de l'exercice physique

La régularité de l'activité physique est un facteur important pour contrôler votre poids et votre tolérance au glucose. Aussi, vous devez planifier la fréquence de vos activités physiques. Idéalement, vous ferez de l'exercice trois ou quatre fois par semaine ; l'idéal étant, bien sûr, de bouger tous les jours.

L'intensité de l'exercice

La meilleure façon de calculer l'intensité de votre activité physique est de prendre votre pouls (voir *Comment calculer votre pouls* à la page suivante). Si vous avez un mode de vie sédentaire, la reprise de votre activité physique doit se faire progressivement, avec, tout d'abord, des exercices de faible intensité. Pendant ceux-ci, vous devez être en mesure de tenir une conversation pendant l'exercice. Si vous êtes à bout de souffle, c'est probablement que vous vous poussez trop !

Le tableau qui suit vous permettra d'adapter l'intensité de vos exercices à votre fréquence cardiaque optimale. Note importante : si votre diabétologue vous a prescrit des exercices de faible intensité, vous ne devriez pas cibler votre fréquence cardiaque optimale d'après ce tableau. L'idéal serait de suivre ses conseils afin que votre programme de mise en forme soit sécuritaire.

La fréquence cardiaque optimale durant l'exercice

Âge	Fréquence cardiaque optimale (nombre de pulsations par minute)
20	152
25	148
30	144
35	140
40	136
45	132
50	128
55	124
60	120
65	116
70	112
75	108

Comment calculer votre pouls

Votre pouls est perceptible au toucher ; il suffit de placer votre pouce sur la face interne de votre poignet. Pour prendre votre pouls, comptez les pulsations pendant 15 secondes et multipliez-les par 4. Le pouls normal a environ 72 pulsations par minute.

La durée

La durée de votre activité physique peut être progressivement augmentée de 20 à 45 minutes lorsque vous avez atteint votre fréquence cardiaque optimale. Si vous ressentez un point sur le côté, de la fatigue ou de l'épuisement, la durée de l'effort pendant l'activité sera de 5 minutes. Cette réadaptation pourra être réalisée sur une période de deux à trois semaines, en augmentant progressivement la durée de vos séances 5 minutes par semaine. Votre but est d'intégrer trois séances de 10 minutes à votre vie de tous les jours. Vous pourriez également noter sur un cahier la durée de vos séances, votre fréquence cardiaque et le résultat de vos tests de glycémie que vous aurez effectués après l'exercice (voir l'appendice II à la page 113).

Astuce santé

Saviez-vous que si vous faites de l'exercice modéré (une heure ou moins), vous n'avez pas besoin d'utiliser des mesures diététiques particulières ? En général, il suffit de vérifier votre taux de glycémie avant et après l'effort physique.

L'ÉCHAUFFEMENT ET LA RÉCUPÉRATION

L'activité elle-même doit être précédée d'un échauffement de 5 à 10 minutes et se terminer par un moment de récupération de 5 à 10 minutes ; ceci vous aidera à prévenir les blessures. L'échauffement consiste à marcher, à faire des exercices d'étirement ou à commencer votre activité mais à faible intensité. Au moment de la récupération, diminuez progressivement l'intensité de votre effort jusqu'à ce que votre pouls redevienne normal.

Les facteurs de risque

Dans certains cas, l'activité physique peut avoir des répercussions sur les complications du diabète.

- Les activités intenses anaérobiques sont contre-indiquées si vous souffrez d'hypertension artérielle.
- Vous devez passer un électrocardiogramme avant de pratiquer un sport si vous souffrez d'insuffisance coronarienne.
- Si vous avez plus de 45 ans et que vous souffrez de complications associées au diabète, il est fortement recommandé de passer un électrocardiogramme de base avant de faire des activités intenses à prédominance anaréobique.

Si vous devez limiter vos activités physiques

Il est possible que certaines complications du diabète limitent vos activités physiques. Si votre état de santé ne vous permet pas de faire de l'exercice, pensez alors aux stratégies que vous pouvez employer pour acquérir de saines habitudes vous permettant de lutter contre un mode de vie sédentaire.

Voici quelques suggestions qui vous permettront d'être un peu plus actif physiquement :

- Marchez davantage... en stationnant votre voiture à l'autre bout du stationnement ;
- Préférez les escaliers... aux ascenseurs ;
- Promenez votre chien... plutôt que de le faire sortir dans le jardin ;
- Prévoyez des activités les fins de semaine et... visitez les musées, les jardins zoologiques, les marchés en plein air.

Chapitre 6

LE DIABÈTE DE TYPE 2 ET LA SEXUALITÉ

Les diverses études montrent que 50 % des hommes diabétiques et 30 % des femmes diabétiques présentent une dysfonction sexuelle. Toutefois, ce n'est pas le diabète lui-même qui provoque ces dysfonctions, mais plutôt les complications du diabète qui peuvent nuire à la vie sexuelle.

DES CAUSES NOMBREUSES

Les dysfonctions sexuelles peuvent être la conséquence de nombreuses maladies physiques telles que l'hypertension artérielle, la neuropathie et les troubles cardiovasculaires. Elles peuvent être aussi un effet indésirable de la prise de certains médicaments. Parfois, elles peuvent être également liées à des maladies psychiques. Si tel est le cas, il suffira de trouver un traitement psychologique efficace, comme la psychothérapie et les thérapeutiques corporelles, pour y mettre fin.

UNE TRÈS GRANDE FRÉQUENCE CHEZ LES DIABÉTIQUES

S'il vous arrive parfois de souffrir d'un trouble sexuel, cela ne risque pas de vous empoisonner la vie. En revanche, si vous appartenez à l'une des catégories de diabétiques qui souffrent d'une dysfonction sexuelle, sachez que vous n'êtes pas le seul, loin de là. Toutes les études montrent que les dysfonctions sexuelles sont un phénomène courant chez les diabétiques. Or, vous savez, par votre expérience, qu'une vie sexuelle non satisfaisante donne lieu à des ennuis plus graves. Celle-ci peut en effet déclencher des tensions, entraîner une fatigue inutile et même compromettre vos rapports avec votre partenaire. Cela devrait donc vous motiver à vouloir y remédier. D'ailleurs, vous retirerez beaucoup plus d'avantages à parler ouvertement de vos problèmes sexuels à votre diabétologue que de vous taire en raison de votre timidité ou gêne.

Quel que soit le problème sous-jacent à votre dysfonction sexuelle, il suffira de consulter votre diabétologue. Celui-ci pourra explorer les facteurs responsables de vos troubles et vous proposer des solutions qui pourraient aider à les réduire ou à les éliminer selon leur origine.

N'oubliez pas que si vous souffrez de complications liées au diabète, il est primordial de subir des examens réguliers : cela peut faire toute la différence. Il serait aussi utile de rappeler que, dans tous les cas, un taux de glycémie mal équilibré porte à conséquence.

LES TROUBLES DE L'ÉRECTION

La fréquence des troubles de l'érection se situe à 60 % chez les hommes diabétiques de plus de 50 ans et ceux-ci sont majoritairement la conséquence de complications liées au diabète. Par exemple, les complications vasculaires peuvent conduire jusqu'à l'impotence. En outre, les troubles de l'érection peuvent être un effet indésirable de la prise de certains médicaments comme les antihypertenseurs.

Si vous êtes diabétique et que vous souffrez d'un trouble de l'érection, votre diabétologue doit d'abord établir avec certitude qu'il n'est pas relié à une maladie psychique. Il doit ensuite effectuer des tests pour vérifier si votre trouble érectile est la conséquence d'une maladie physique liée à votre diabète. Dans la majorité des cas, il pourra vous prescrire du Viagra®, un médicament qui permet de traiter efficacement – et avec des risques acceptables – certains troubles de l'érection. Avant d'instaurer un tel traitement, votre diabétologue devra examiner votre fonction cardiovasculaire pour s'assurer que vous ne présentez pas de facteurs de risque cardiovasculaire. Par contre, ce médicament ne jouerait aucun rôle pour ce qui est de la fréquence et de l'intensité du désir. Si vous ne pouvez pas prendre de Viagra® ou que ce médicament n'a aucun effet sur vous, il est utile de savoir que vous pouvez vous tourner vers de bons vieux remèdes comme le yohimbine, un stimulant sexuel qui augmente la sensibilité des nerfs du pénis. Si ceux-ci sont endommagés, consultez votre urologue.

Le manque de désir chez la femme diabétique

Si vous êtes une femme diabétique et que votre vie sexuelle est de moins en moins satisfaisante, c'est que vous souffrez probablement d'une dysfonction sexuelle. La solution à ce problème dépend naturellement de son origine. Parfois la cause est physique, comme dans le cas d'un dommage aux nerfs du clitoris, du vagin ou de la vulve, ou encore d'une haute pression artérielle. Si tel est le cas, votre diabétologue devra en préciser la cause et trouver la solution qui pourra éliminer cette dysfonction ou la réduire de façon significative.

Le manque de désir durant les relations sexuelles peut aussi provenir de facteurs liés au psychique ou à la prise de médicaments. C'est votre médecin qui pourra déterminer le trouble sous-jacent de cette dysfonction. D'ailleurs, il est important de le consulter avant que votre trouble prenne des proportions démesurées, et sachez qu'un traitement efficace pourra améliorer la qualité de votre vie sexuelle.

Chapitre 7

LES AGENTS ORAUX, L'INSULINE ET LES APPROCHES NATURELLES

Moins de 10 % des personnes atteintes de diabète de type 2 font les changements nécessaires pour maîtriser leur maladie. Aussi, lorsque les règles d'hygiène de vie ne sont pas suivies ou qu'une alimentation équilibrée et l'exercice régulier n'arrivent pas à diminuer la résistance à l'insuline, le diabétologue doit ajouter un hypoglycémiant au traitement médical. S'il y a échec des agents oraux, le diabétologue prescrit alors une insulinothérapie. Si celle-ci échoue à son tour, le patient doit suivre une thérapie combinée, c'est-à-dire une combinaison d'insuline et d'hypoglycémiants oraux.

Cinq questions à poser sur votre ordonnance

- Qu'est-ce que ce médicament contient ?
- Comment ce médicament agit-il ?
- Ce médicament peut-il être toxique lorsqu'il est combiné à d'autres médicaments ? (Avisez votre médecin de tous les médicaments que vous prenez tels que ceux pour le cholestérol et l'hypertension, les antidépresseurs et les antipsychotiques.)
- Comment puis-je mesurer l'efficacité de mon traitement ?
- Quels sont les effets secondaires de ce médicament ?

LES AGENTS ORAUX

On estime que plus de 40 % des diabétiques devront avoir recours à des agents oraux après 10 ans de maladie. Ces médicaments ne peuvent en aucun cas remplacer de bonnes habitudes de vie : ils sont simplement intégrés au traitement médical. Or, il existe toute une panoplie d'agents oraux pour assurer la meilleure qualité de vie possible au diabétique. Si votre diabétologue vous prescrit un médicament pour votre diabète, la première chose à faire est de cesser de vous tourmenter. Demandez-lui plutôt de vous expliquer comment ce médicament peut améliorer votre maladie et quels sont les résultats que vous pouvez espérer. Voyons maintenant quels sont les agents oraux les plus souvent prescrits.

Comment faut-il utiliser vos médicaments ?

Vous devez toujours prendre vos médicaments selon les indications de votre médecin. La dose peut être adaptée à vos besoins, mais uniquement sous la surveillance d'un médecin. Sachez qu'il faut suivre le traitement plusieurs semaines avant de régler la dose, si cela se révèle nécessaire.

Les hypoglycémiants

Les hypoglycémiants représentent environ 75 % de tous les agents oraux prescrits pour le diabète de type 2. Ces médicaments diminuent la résistance à l'insuline et entraînent une baisse du taux de sucre dans le sang. On estime que le traitement aux hypoglycémiants échoue chez 15 % des diabétiques. Si vous êtes diabétique, voici les circonstances dans lesquelles vous ne devez pas prendre des hypoglycémiants :

- Vous avez un problème d'alcoolisme ;
- Vous êtes enceinte ou pensez l'être ;
- Vous souffrez d'une grave maladie du foie ;
- Vous souffrez d'une maladie rénale.

Selon la dose d'hypoglycémiants que vous prenez et selon votre sensibilité, les effets secondaires suivants pourraient se manifester :

- Hypoglycémie ;
- Perte d'appétit ;
- Nausées ;
- Ballonnements ;
- Diarrhée.

Astuce santé

Vous devriez mesurer votre glycémie deux heures après avoir mangé pour que votre médecin puisse s'assurer que vous prenez la plus petite dose de médicament possible pour maîtriser votre glycémie.

L'acarbose

Introduit en 1996, l'acarbose a une structure chimique qui ressemble beaucoup à celle du sucre que l'on trouve dans les aliments. Il réduit les niveaux élevés de sucre dans le sang après que vous avez mangé. Ce médicament doit être pris avec la première bouchée de chacun de vos repas. Si vous prenez de l'acarbose, les effets secondaires suivants pourraient se manifester :

- Ballonnements ;
- Crampes intestinales ;
- Diarrhée.

Vous devriez prendre de l'acarbose si :

- vous ne contrôlez pas votre glycémie malgré une bonne hygiène de vie ;
- vous prenez des hypoglycémiants et que vous n'arrivez pas à contrôler votre glycémie après les repas ;
- vous ne pouvez pas prendre d'hypoglycémiants et qu'une bonne hygiène de vie ne suffit pas à contrôler votre glycémie ;
- les hypoglycémiants ont échoué et que vous ne voulez pas commencer une insulinothérapie.

Voici les circonstances dans lesquelles vous ne devez pas utiliser l'acarbose :

- Vous présentez des troubles intestinaux ;
- Vous souffrez d'une maladie gastro-intestinale ;
- Vous souffrez d'une maladie du foie ou des reins ;
- Vous êtes enceinte ou pensez l'être ;
- Vous avez une hernie.

Quelques points à retenir

Voici quelques règles à suivre lorsque vous prenez des hypoglycémiants :

- Si votre médecin vous a prescrit un médicament pour contrôler votre glycémie, ne l'utilisez pas à d'autres fins ;
- Prenez au sérieux toutes les précautions et complications possibles ;
- Parlez à votre médecin de tous les autres médicaments dont vous faites usage, même s'il ne s'agit que de multivitamines ;
- Suivez toutes les indications de votre médecin pour la prise de vos médicaments ;
- Consultez votre médecin si vous souffrez d'effets secondaires graves ou dérangeants, ou encore persistants ;
- Conservez vos médicaments dans un endroit sec à une température ambiante entre 15 °C et 25 °C ;
- Ne laissez pas d'autres personnes prendre vos médicaments ;
- Placez toujours sur vous une fiche d'information médicale précisant les médicaments que vous prenez. Cela pourrait être important en cas d'accident.

L'INSULINOTHÉRAPIE

Votre médecin pourrait vous prescrire de l'insuline si les agents oraux échouent. Le but de l'insulinothérapie consiste à reproduire ce que votre pancréas ferait s'il fonctionnait normalement. L'insuline doit être injectée ; elle ne peut pas être prise oralement parce que l'acidité de votre estomac la digérerait avant même qu'elle ait eu le temps d'agir. Le principal effet secondaire possible est l'hypoglycémie ; vous devez obligatoirement boire ou manger du glucose pour combattre ses symptômes.

Le saviez-vous ?

Près du tiers des personnes atteintes du diabète de type 2 devront avoir recours à l'insuline.

Avant de commencer votre insulinothérapie, assurez-vous d'avoir la réponse pour chacune de ces questions :

- Comment dois-je conserver mon insuline ?
- Comment et quand faut-il que j'utilise mon insuline ?
- Quelles sont les caractéristiques de cette insuline ?
- Combien de temps après une injection dois-je manger ?
- Combien de temps après une injection puis-je faire de l'exercice ?
- L'insuline peut-elle nuire aux autres médicaments que je prends ?

LES APPROCHES NATURELLES

Si l'idée de prendre des médicaments pour contrôler votre diabète vous rend perplexe, vous pourriez peut-être y incorporer une approche naturelle. Parmi ces options possibles, mentionnons un certain nombre d'approches qui ont fait la preuve de leur efficacité dans la diminution du taux de glycémie. Veuillez bien noter ce qui suit : *les approches naturelles ne sauraient à elles seules constituer un traitement.* Il est important d'obtenir l'avis éclairé de votre diabétologue. Celui-ci pourra se prononcer avec davantage de certitude sur les faits connus des diverses approches naturelles. Il est vrai que plusieurs d'entre elles peuvent donner de bons résultats, du moins un certain temps, et ont l'avantage d'être inoffensives. Il reste que vous ne pouvez pas en aucun cas improviser. Souvenez-vous aussi qu'aucune approche dite « naturelle » ne peut supprimer la cause de la maladie.

Les plantes et les herbes médicinales

Il existe plusieurs espèces végétales, dont le fenugrec, le ginseng et la gomme de guar, qui pourraient soigner le diabète. Il serait erroné de croire que celles-ci pourraient remplacer vos médicaments ; les preuves n'en sont pas encore faites. Par ailleurs, nous n'en savons pas encore assez sur leur mode d'action pour pouvoir vous donner des recommandations quant à leur dosage et à leur préparation. Il serait aussi judicieux d'obtenir l'avis de votre diabétologue si vous envisagez de vous soigner par les plantes ou les herbes médicinales.

Le fenugrec

Petit cousin du trèfle que l'on trouve souvent dans les rocailles, le fenugrec est reconnu pour stimuler toutes les fonctions organiques. Riche en phosphore, en fer et en soufre, ses graines sont recommandées pour aider à normaliser le taux de glycémie. Les effets secondaires possibles sont la diarrhée et les crampes d'estomac.

Le ginseng

Il est bien connu que le ginseng peut aider à réduire le taux de glycémie. Il n'existe aucune raison vous empêchant d'allier le ginseng à votre traitement habituel pour soigner votre diabète. Toutefois, il serait judicieux d'en aviser votre médecin. Les effets secondaires possibles du ginseng sont la nausée, les maux de tête, les étourdissements et la nervosité.

La gomme de guar

La gomme de guar, une fois mélangée à de l'eau, devient gélatineuse. Souvent utilisée comme substance naturelle dans les traitements du diabète et du cholestérol, on s'en sert d'abord pour ralentir le système digestif. On soutient qu'elle a un effet similaire à l'acarbose.

Les compléments alimentaires

En addition à une nutrition judicieuse, certains médecins préconisent la prise de compléments alimentaires qui peuvent avoir un impact positif sur la santé de leurs patients diabétiques. Si vous envisagez d'utiliser des compléments alimentaires, il serait judicieux de vous adresser à une diététiste professionnelle ou à votre diabétologue pour savoir ce qui est indiqué pour vous. Voici la liste des compléments alimentaires les plus prescrits par les médecins : la biotine, le calcium, le chrome, le magnésium, les vitamines du groupe B, la vitamine C et la vitamine E.

La biotine

Dose par jour : de 300 à 15 000 microgrammes.

La biotine est une vitamine. Des chercheurs japonais ont découvert qu'il existe un lien entre un taux de glycémie élevé et un taux de biotine inférieur aux personnes non diabétiques.

Les meilleures sources alimentaires de biotine sont :

- la levure de bière ;
- le maïs ;
- l'orge ;
- les noix ;
- le chou-fleur ;
- le soja.

Le calcium

Dose par jour : 1 000 milligrammes.

Le calcium est un élément minéral. Essentiel à la contraction musculaire, il contribue à la santé cardiaque et à la prévention du cancer.

Les meilleures sources alimentaires de calcium sont :

- le lait ;
- le saumon rose en conserve ;
- le maquereau ;
- le yaourt nature ;
- le tofu ;
- les pétoncles ;
- le chou frisé.

Le chrome

Dose par jour : 200 microgrammes.

Le chrome est un oligoélément. On estime qu'une personne souffrant d'une carence en chrome est exposée à l'intolérance en glucose. Selon les chercheurs, le chrome augmente l'efficacité de l'insuline. Souvenez-vous que la consommation de sucreries épuise les réserves de cet oligoélément dans l'organisme. ATTENTION : il est essentiel de parler à votre médecin avant de prendre un complément de chrome.

Les meilleures sources alimentaires de chrome sont :

- l'avoine ;
- la levure de bière ;
- le fromage ;
- le poulet ;
- le foie ;
- la viande ;
- les huîtres ;
- les arachides ;
- le germe de blé.

Le magnésium

Dose par jour : 400 milligrammes.

Le magnésium est un minéral. Il pourrait jouer un rôle dans l'activité de l'insuline. Les chercheurs ont découvert que les personnes souffrant d'une carence de ce minéral ont tendance à éprouver une résistance à l'insuline. ATTENTION : si vous êtes diabétique et que vous souffrez de troubles cardiaques ou rénaux, il est essentiel de parler à votre médecin avant de prendre un apport complémentaire de magnésium.

Les meilleures sources alimentaires de magnésium sont :

- l'avocat ;
- les bananes ;
- les crevettes ;
- les épinards ;
- les haricots blancs ;
- les fèves de Lima ;
- les flocons d'avoine ;
- les pommes de terre ;
- le riz.

Les vitamines du groupe B

Dose par jour : 100 milligrammes.

La niacine, la thiamine, l'acide folique et la vitamine B_6, qui font toutes partie du groupe B, participent au métabolisme des hydrates de carbone, c'est-à-dire à la transformation des sucres et des féculents en énergie. En outre, on établit une corrélation entre une carence en vitamine B_6 et l'intolérance au glucose ainsi qu'une détérioration de la sécrétion d'insuline et de glaucagon. D'autres études démontrent qu'une carence en vitamines du groupe B pourrait provoquer des lésions nerveuses dans les mains et les pieds. De plus en plus de médecins prescrivent des vitamines du groupe B à leurs patients. ATTENTION : consultez votre médecin avant de prendre une dose de n'importe quelle vitamine du groupe B.

Les meilleures sources en niacine sont :

- le poulet ;
- la dinde ;
- le thon ;
- le veau.

Les meilleures sources en thiamine sont :

- les petits pois ;
- les haricots secs ;
- les oranges ;
- la levure de bière ;
- le germe de blé ;
- les céréales complètes.

Les meilleures sources en acide folique sont :

- les céréales complètes ;
- les haricots blancs ;
- les asperges ;
- les épinards ;
- le brocoli ;
- les choux de Bruxelles.

Les meilleures sources en vitamine B_6 sont :

- les pommes de terre ;
- les bananes ;
- le poulet ;
- le poisson ;
- le riz ;
- l'avocat.

Les meilleures sources en vitamine B_{12} sont :

- le saumon ;
- le thon ;
- le crabe ;
- les huîtres ;
- les palourdes ;
- le jambon.

La vitamine C

Dose par jour : de 75 à 2 000 milligrammes.

La vitamine C est un puissant antioxydant. On lui attribue un rôle protecteur contre le cancer de l'œsophage, de l'estomac et du pancréas. Cette vitamine pourrait jouer un rôle important contre les redoutables complications du diabète. ATTENTION : une dose de vitamine C supérieure à 1 200 milligrammes par jour peut provoquer des diarrhées.

Les meilleures sources en vitamine C sont :

- l'ananas ;
- le brocoli ;
- le poivron cru ;
- le cantaloup ;
- les épinards ;
- les patates douces ;
- les fraises ;
- l'orange ;
- le kiwi ;
- la mangue.

La vitamine E

Dose par jour : de 100 à 600 unités internationales.

La vitamine E est un antioxydant très puissant. Certains scientifiques croient qu'elle pourrait aider à prévenir le cancer, comme la vitamine C. Elle est aussi connue pour sa contribution essentielle au métabolisme des graisses polyinsaturées. Son plus grand atout est probablement qu'elle joue un rôle dans la prévention des maladies cardiovasculaires. ATTENTION : vous ne devez pas utiliser de complément alimentaire de vitamine E si vous prenez des anticoagulants.

Les meilleures sources en vitamine E sont :

- l'ananas ;
- le brocoli ;
- le germe de blé ;
- les noix.

Si vous souhaitez avoir recours à un apport complémentaire de vitamines et de minéraux, parlez-en d'abord à votre diabétologue. Prises en doses excessives, les vitamines et les minéraux peuvent avoir des effets indésirables sur votre santé et interagir avec certains médicaments. N'oubliez pas que vous devez continuer à prendre les médicaments qui vous ont été prescrits parallèlement à n'importe quel apport de compléments alimentaires.

Chapitre 8

DEUX FACTEURS DE RISQUE : LE TABAC ET L'ALCOOL

Méfiez-vous de la cigarette !

C'est connu, l'usage du tabac favorise l'apparition des maladies du cœur. Le goudron et la nicotine du tabac sont aussi responsables de plusieurs cancers des voies digestives. En outre, un diabétique non fumeur multiplie par quatre les risques de développer une complication cardiaque. Aussi, lorsque vous êtes atteint du diabète de type 2 et que vous fumez, vous augmentez considérablement le risque d'une maladie du cœur. La cigarette et le diabète représentent en effet une combinaison dangereuse. L'usage du tabac peut aussi avoir des conséquences dramatiques sur les maladies des yeux ; en effet, celles-ci sont étroitement liées aux affections des vaisseaux sanguins. Cesser de fumer peut donc également aider à prévenir le risque de certaines complications oculaires.

Vivre sans fumée

Les spécialistes de la santé sont unanimes : ce n'est pas tout le monde qui peut écraser du jour au lendemain. En revanche, il existe plusieurs programmes qui peuvent vous aider à abandonner le tabagisme. En voici quelques-uns :

- **Les produits naturels et homéopathiques** aidant à réduire le désir de fumer ;
- **La gomme à la nicotine** aide à réduire vos besoins en nicotine en en remplaçant une certaine partie. Ce produit vous permet de décider de la quantité de nicotine que vous prenez et à quel moment vous le faites ;
- Les timbres à la nicotine sont dotés d'une membrane régulatrice de la vitesse de libération de la nicotine. Cette dose constante de nicotine vous offre donc une protection contre les états de manque 24 heures sur 24.
- **Les thérapies alternatives** comme l'hypnose, la méditation et l'acupuncture sont aussi des méthodes qui peuvent vous aider à cesser de fumer.

Saviez-vous que ?

Un an après avoir arrêté de fumer, vous diminuez les risques de développer une maladie cardiaque de moitié.

Limitez votre consommation d'alcool

On sait aujourd'hui qu'un diabétique peut boire modérément s'il contrôle bien sa glycémie. Mais attention, les experts ne sont pas du tout d'accord quant à ce que signifie boire modérément : les recommandations actuelles varient suivant les pays. En revanche, ils conseillent toujours d'éviter de boire à l'excès – plus de trois verres chez la femme et plus de six chez l'homme par jour. Si vous êtes diabétique et que vous appréciez un bon verre de vin ou un apéritif, il n'y a sans doute pas de danger à boire modérément si vous n'avez pas de raison médicale de vous en abstenir. Certains chercheurs croient qu'une consommation modérée pourrait même être bénéfique parce qu'elle abaisserait le risque de maladie cardiovasculaire. Si vous n'aimez pas l'alcool, ce n'est pas la peine de commencer à en boire : les boissons alcoolisées ne contiennent ni vitamines ni minéraux.

LES RECOMMANDATIONS ACTUELLES

Certains experts recommandent de ne pas dépasser une consommation de deux à quatre boissons alcoolisées par semaine, d'autres disent qu'une consommation d'une à deux boissons alcoolisées par jour est acceptable et sans danger. La recommandation usuelle est d'un verre par jour pour les femmes et pas plus de deux verres par jour pour les hommes. Une « boisson alcoolisée » consiste en un verre de vin (110 ml) ou une bière (33 cl) ou un alcool (45 ml). Les boissons alcoolisées sont pleines de calories vides. En revanche, elles ne font pas grimper votre taux de glycémie. En fait, dans certaines circonstances, elles peuvent même entraîner une hypoglycémie chez le diabétique traité par des agents oraux ou par insuline.

Voici quelques conseils pour ceux qui souffrent du diabète de type 2 et qui veulent consommer des boissons alcoolisées :

- Contentez-vous de boire peu ou modérément, d'un à deux verres par jour ;
- Évitez de prendre un verre si vous avez l'estomac vide ;

- Mesurez votre taux de glycémie ;
- Ne consommez pas de boissons alcoolisées après une séance d'exercice ;
- Si vous prenez des hypoglycémiants ou de l'insuline, il est important d'obtenir l'avis de votre médecin avant de boire parce que vous pourriez avoir plus de mal que de bien.

LES APÉROS NON ALCOOLISÉS

Si vous ne consommez pas de boissons alcoolisées, les apéros sans alcool constituent un choix intéressant pour vous ; il en existe d'ailleurs un très grand éventail. Pourquoi ne pas savourer un délicieux cocktail à la vanille ou une eau aromatisée aux fruits des champs ? Ou opter pour un jus de fruits frais (orange, pamplemousse, citron...) ou encore une eau minérale citronnée ? Avec une telle panoplie d'apéritifs possibles, l'abstinence... a bien meilleur goût !

Enfin, si vous comptez vos calories, souvenez-vous qu'un verre d'alcool fournit environ 120 calories.

LEXIQUE

Antioxydant : Agent qui ralentit la dégradation des aliments et de certains minéraux due aux effets de l'oxydation.

Cholestérol : Substance grasse que l'on trouve dans l'organisme et qui provient des aliments.

Cholestérol HDL : Cholestérol véhiculé dans le sang par les lipoprotéines HDL. Ces lipoprotéines de haute densité récupèrent le trop-plein du « bon » cholestérol dans les organes et le transportent jusqu'au foie où il est éliminé. Elles sont aussi responsables de l'élimination des dépôts lipidiques dans les artères.

Cholestérol LDL : Cholestérol véhiculé dans le sang par les lipoprotéines LDL. Ces lipoprotéines de petite densité déposent le «mauvais» cholestérol sur les parois des artères, ce qui favorise la formation de plaques de graisse.

Cholestérolémie : Taux de cholestérol dans le sang.

Coma insulinique : Complication grave du diabète caractérisée par un excès d'insuline.

Créatinine : Dérivé de la créatine formé dans les muscles et éliminé par l'urine.

Diabète : Maladie hormonale se manifestant par une abondante élimination d'urine.

Diabète de type 1 : Type de diabète débutant généralement dans l'enfance et caractérisé par une sécrétion insuffisante d'insuline. Cette déficience doit généralement être compensée par des injections d'insuline.

Diabète de type 2 : Type de diabète dont la forme est la plus facile à prévenir et à traiter. Il est caractérisé par une sécrétion excessive d'insuline et une soif intense.

Diabétique : Relatif au diabète ; atteint de diabète.

Diabétologie : Étude du diabète et de ses traitements.

Dyslipidémie : Anomalie des taux de lipides dans le sang.

Fonction b-cellulaire : Capacité des cellules b à produire l'insuline.

Glaucagon : Hormone essentielle pour la régulation du taux de glycémie.

Glucose : Glucide représentant la source énergétique essentielle de l'organisme.

Glycémie : Qui indique la présence et le taux de glucose dans le sang.

Glycosurie : Présence anormale de sucre dans les urines.

Hémoglobine cliquée : Désigne la quantité de glucose fixée à une certaine fraction de l'hémoglobine des globules rouges. Le dosage de l'hémoglobine cliquée est utile dans le suivi du contrôle glycémique des patients atteints de diabète de type 2.

Hyperglycémie : Taux de glucose dans le sang supérieur à la normale.

Hyperinsulinisme : Quantité d'insuline produite par le pancréas supérieure à la normale.

Hypertension : Tension artérielle supérieure à la normale.

Hypoglycémie : Taux de glucose dans le sang inférieur à la normale.

Îlots de Langerhans : Constitués de cellules tassées sécrétant essentiellement l'insuline.

Insuline : Hormone hypoglycémiante sécrétée par les cellules b du pancréas.

Insulinopénie : Quantité d'insuline produite par le pancréas inférieure à la normale.

Insulinorésistance : Résistance de certains tissus à l'action de l'insuline, ce qui engendre l'hyperglycémie.

Insulinothérapie : Traitement de certaines maladies, notamment du diabète, par l'insuline.

Obésité : Excès de poids corporel par augmentation de la masse adipeuse de l'organisme.

Pancréas : Glande abdominale située chez l'homme en arrière de l'estomac.

Polydipsie : Soif excessive.

Polyphagie : Faim excessive.

Rétinopathie diabétique : Maladie du capillaire rétinien.

Triglycérides : Lipides formés par l'estérification du glycérol par trois acides gras.

Urée : Substance constituant le produit final de décomposition des acides aminés de l'organisme, qui sont synthétisés dans le foie.

Appendice I

MON JOURNAL

Pour mieux soigner votre diabète, voici un journal type que vous pouvez tenir pour noter au quotidien toute l'information relative à votre traitement, incluant la composition de vos repas, votre activité physique, les résultats de votre taux de glycémie ainsi que la prise de vos médicaments.

Semaine du ____________________

	Repas du matin	Repas du midi	Repas du soir	Collations	Les résultats du taux de glycémie	Prise de médicaments	Notes
Lundi							
Mardi							
Mercredi							
Jeudi							
Vendredi							
Samedi							
Dimanche							

Appendice II

MON ACTIVITÉ PHYSIQUE

Semaine du ______________________

	Type d'exercice	Durée	Fréquence cardiaque	Commentaires
Lundi				
Mardi				
Mercredi				
Jeudi				
Vendredi				
Samedi				
Dimanche				

Appendice III

LISTE D'ORGANISATIONS

Voici une liste d'organisations pouvant vous fournir plus d'informations sur le diabète de type 2.

Belgique

International Diabetes Federation (IDF)
40, rue Washington
1050, Bruxelles
Belgique

Canada

Association canadienne du diabète
15, rue Toronto
Bureau 800
Toronto (Ontario)
M5C 2E3
Téléphone : (416) 363-3393

États-Unis

The American Diabetes Association
ADA National Service Center
1660 Duke St.
Alexandria, Va 22314
Téléphone : (703) 549-1500

France

Association française des diabétiques (AFD)
58, rue Alexandre-Dumas
75544 Paris Cedex 11
Téléphone : 01 40 09 24 25
Télécopieur : 01 40 09 20 30

Suisse

Association suisse du diabète
Secrétariat général
Rütistrasse 3 A
5400 Baden
Téléphone : 056 200 17 90
Télécopieur : 056 200 17 95

Appendice IV

DOCUMENTATION ÉLECTRONIQUE

Vous pouvez trouver de la documentation électronique sur le diabète. Voici une liste des meilleurs sites à visiter :

Sites français

Belgique

Site perso-belge
www.meurisse4.yucom.be

FRANCE

Site de l'AFD : Association française des diabétiques
www.afd.asso.fr

Un site d'informations sur le diabète d'Unimedecine
www.infodaibete.com

Pays du Maghreb

Diabmar, site marocain
www.multimania.com/diabmar

Québec

Le site de l'ADQ : Association diabète Québec
www.diabete.qc.ca

Suisse

ASD : Association suisse du diabète
www.diabetesgesellschaft.ch/

Sites anglais

Canada

Site de l'ACD
www.diabetes.ca

États-unis

L'ADA : American Diabetes Association
www.diabetes.org

Europe

EASD, site de l'European Association for the Study of Diabetes
www.uni-duesseldorf.de/WWW/EASD/

Grande-Bretagne

www.diabetes.org.uk

BIBLIOGRAPHIE ET AUTRES SOURCES

ANDERSAN, James, M.D. *Diabetes : A Practical New Guide to Healthy Living*, New York, Warner Books, 1991.

DRUM, David et Terry ZIERENBERG, R.N., C.D.E. *The Type 2 Diabetes Sourcebook*, Los Angeles, Lowell House, 2000.

EZRIN, Calvin, M.D. et Robert E. KOWALSKI. *The Type II Diabetes Diet Book (revised third edition)*, Los Angeles, Lowell House, 1999.

GUTHRIR, Diana W., R.N., Ph. D. et Richard A. GUTHRIE, M.D. *The Diabetes Sourcebook : Today's Methods and Ways to Give Yourself the Best Care, 4th ed.*, Los Angeles, Lowell House, 1999.

ROSENTHAL, M. Sara. *The Canadian Type 2 Diabetes Sourcebook*, Toronto, Macmillan Canada, 2002.

SHAFER, Sherrim, R.D., C.D.E. *Diabetes Type 2 : Complete Food Management Program*, New York, Random House, 2001.

Autres sources

www.niddk.nih.gov/health/diabetes/dia/index.htm
www.acc.org
http ://americanheart.org

TABLE DES MATIÈRES